孤独的画家/ FAN GAO/ 凡·高

郭艳红◎编著

辽海出版社

图书在版编目(CIP)数据

孤独的画家凡高 / 郭艳红编著. —沈阳：辽海出版社，2017.6

ISBN 978-7-5451-4162-7

Ⅰ.①孤… Ⅱ.①郭… Ⅲ.①凡高(Van Gogh, Vincent 1853-1890)-传记 Ⅳ.①K835.635.72

中国版本图书馆 CIP 数据核字(2017)第 136827 号

责任编辑：孙德军

封面设计：李　奎

出版者：辽海出版社

地　址：沈阳市和平区十一纬路 25 号

邮　编：110003

电　话：024-23284381

E-mail：dszbs@ mail.lnpgc.com.cn

http://www.lhph.com.cn

印刷者：北京一鑫印务有限责任公司

发行者：辽海出版社

幅面尺寸：155mm×220mm

印　张：14

字　数：218 千字

出版时间：2017 年 7 月第 1 版

印刷时间：2017 年 8 月第 1 次印刷

定　价：29.80 元

《世界名人传记文库》编委会

总　序

我们每个人心中都有自己崇拜的名人。这样可以增强我们的自信心和自我认同感，有益于人格的健康发展。名人活在我们的心里，尽管他们生活在不同的时代、不同的国度、说着不同的语言，却伴随着我们的精神世界，遥远而又亲近。

名人是充满力量的榜样，特别是当我们平庸或颓废时，他们的言行就像一触即发的火药，每一次炸响都会让我们卑微的灵魂在粉碎中重生。

名人带给我们更多的是狂喜。当我们迷惘或无助时，他们的高贵品格就如同飘动在高处的旗帜，每次招展都会令我们幡然醒悟，从而畅快淋漓地感受生命的真谛。只要我们把他们视为精神引领者和行为楷模，就会不由自主地追随他们，并深刻感受到精神的强烈震撼。

当我们用最诚挚的心灵和热情追随名人的足迹，就是选择了一个自我提升的最佳途径，并将提升的空间拓展开来。追随意味着发现，发现名人的博大精深，发现时代赋予我们的使命，发现最真实的自我；追随意味着提升，置身于名人精神的荫蔽之下，我们就像藤蔓一般沿着名人硕大粗壮的树干攀援上升，这将极大地缩短我们在黑暗中探索的时间，从而踏上光明的坦途。

不要说这是个崇尚独立思考的年代，如果我们缺乏敬畏精神，那么只能让个性与自由的理念艰难地生长；不要说这是个无法造就伟人的年代，生命价值并不在于平凡或伟大。如果在名人的引领下，读懂平凡世界中属于自己的那本书，就能够成为最好的自己。

名人从芸芸众生中脱颖而出，自有许多特别之处。我们追溯名人成长的历程，虽然每位人物的成长背景都各不相同，但或多或少都具有影响他们人生的重要事件，成为他们人生发展的重要契机，并获得人生的成功。

名人有成功的契机，但他们并非完全靠幸运和机会。机遇只给有准备的人，这是永远的真理。因此，我们不要抱怨没有幸运和机遇，不要怨天尤人，我们要做好思想准备，开始人生的真正行动。这样，才会获得人生的灵感和成功的契机。

我们说的名人当然是指对世界和人类做出突出贡献的伟大人物，他们包括著名的政治家、军事家、发明家、文学家、艺术家、思想家、哲学家、企业家等。滚滚历史长河，阵阵涛声如号，是他们，屹立潮头，掀起时代前进的浪花，浓墨重彩地描绘着人类的文明和无限的未来，不断开创着辉煌的新境界和新梦想，带领我们走向美好的明天。

政治家是指那些在长期政治实践中涌现出来的具有一定政治远见和政治才干、掌握权力，并对社会发展起着重大影响作用的领导人物。军事家是指对军事活动实施正确指引或是擅长具体负责军事行动实施的人，一般包括战略军事家和战术军事家。

政治家、军事家大多充满了文韬武略，能够运筹帷幄，曾经叱咤风云，纵横天地，创造着世界，书写着历史，不断谱写着人类的辉煌篇章，为人们留下了许多宝贵的精神财富和物质财富。

科学发明家是指专门从事科学研究和发明，并做出了杰出贡献的人士。他们从事着探索未知、发现真相、追求真理、改造世界和造福人类的大学问。他们都有献身、求实、严谨和持之以恒的精神，都具有一颗好奇心。从好奇心出发，他们希望探知事物规律，具有希望看到事物本质一面的强烈意识与探索激情。还有就是他们都有恒心，他们在科学研究中不断努力，努力，再努力，锲而不舍，具有永不止步的追求精神。

文学家是指以创作文学作品为自己主要工作的知名人士和学者等。其中，诗人是指诗歌的创作者，小说家指小说创作者，散文家指散文创作者，而文学家则是指在诗歌、小说、散文、戏剧等各种文学体裁领域均取得一定成就的创作者，他们是人类精神财富的创造者。

艺术家是指具有较高审美能力和娴熟创作技巧并从事艺术创作劳动而具有一定成就的艺术工作者。进行艺术作品创作活动的人士，通常指在绘画、表演、雕塑、音乐、书法及舞蹈等艺术领域具有比较高的成就，并具有了一定美学造诣的人。他们是生活中美的发现者和创造者，极大地丰富着我们的生活。

哲学家、思想家是指对客观现实的认识具有独创见解并能自成体系的人士。思想主要是用言语和符号来表达的，而致力于研究思想并且形成思想体系的人就是哲学家、思想家。他们用独到的思想解决生活中遇到的问题，且在此过程中逐渐认识自我与宇宙，以此解决人们思想认识上矛盾迷惑的问题。他们是我们人类灵魂的工程师，塑造着我们的人格，探讨所有人类重要的问题和观念，并创造出一种思考和思想的能力，闪烁着智慧的光芒，照耀着人类前进的步伐，推动着人类思想和精神不断升华，使人类不断摆脱低级状态，不断走向更高境界。人是有思想和精神的高级动物，因此，哲学家和思想家是人类不可或缺的，是我们人类的伟大导师。

企业管理家是最直接创造财富的人。他们创造物质财富，推动社会不断进步，使得人们更加幸福。财富虽然只是一个象征，但它与人们的生活、国家的发展、民族的强盛等息息相关。企业家也创造巨大的精神财富，他们在追求财富过程中所表现出来的创新、冒险、合作、敬业、学习、执著、诚信和服务等精神，是我们每一个人学习的榜样。

我们追踪这些名人成长发展过程中的主要事件，就会发现他们在做好准备进行人生不懈追求的进程中，能够从日常司空见惯的普通小事上，碰撞出思想的火花，化渺小为伟大，化平凡为神奇，从而获得灵感和启发，获得伟大的精神力量，并进行持久的人生追求，去争取获得巨大的成功。

影响名人成长的事件虽然不一样，但他们在一生之中所表现出来的辛勤奋斗和顽强拼搏的精神，则大同小异。正如爱迪生所说："伟大人物最明显的标志，就是他们拥有坚强的意志，不管环境怎样变化，他们的初衷与希望永远不会有丝毫的改变，他们永远会克服一切障碍，达到他们期望的目的。"

爱默生说："所有伟大人物都是从艰苦中脱颖而出的。"因此，伟大人物的成长也具有其平凡性。正如日本著名歌人吉田兼好所说："天下所有伟大人物，起初都是很幼稚且有严重缺点的，但他们遵守规则，重视规律，不自以为是，因此才成为名家并进而获得人们的崇敬。"所以，名人成长也具有其非凡之处，这才是我们应该学习的地方。

英国著名哲学家培根说："用伟大人物的事迹激励青少年，远胜于一切教育。"为此，本套作品荟萃了古今中外各行各业最具有代表性的名人，阅读这些名人的成长故事，探知他们的人生追求，感悟他们的思想力量，会使我们从中受到启迪和教育，让我们更好地把握人生的关键，让我们的人生更加精彩，生命更有意义。

简　介

文森特·威廉·凡·高（Vincent Willem van Gogh，1853~1890），是荷兰后印象派画家的三大巨匠之一。他是表现主义的先驱，并深深地影响了20世纪的绘画艺术，尤其是野兽派与德国表现主义。

凡·高于1853年3月30日生于荷兰北部的布拉邦特省的一个叫作格鲁特·曾德特的村子。

凡·高小时候的学习成绩很好，尤其在语言方面表现出惊人的天赋，精通英、法、德三国的语言。

在16岁时，凡·高到古比尔特海牙分公司当店员，随后又去布鲁塞尔分店、伦敦分公司工作。在伦敦他爱上了房东的女儿尤金妮亚，但求爱失败。

凡·高被古比尔特公司解雇后，又先后当过教师、助教等职务。后来他赴博里纳日矿区，做非正式传教，但由于工作过于热情，被教会解雇。至此，凡·高才将生命的注意力转向了绘画。他先后在海牙、纽恩南等地作画。

1886年，凡·高来到巴黎，开始接触印象派，从此他的绘画风格发生了巨大改变，色彩开始明亮起来。

1888年，凡·高来到了阿尔，在这里他的绘画生涯达到了巅峰，创造出很多惊世之作。但在同年12月，由于精神失常割下自己的耳朵。从此以后，凡·高就在疾病的困扰下度过。

1890年7月27日，凡·高旧病复发，开枪自杀，于29日凌晨1时30分，与世长辞。享年37岁。

凡·高献身艺术，大胆创新，在广泛学习前辈画家伦勃朗等人的基础上，吸收印象派画家在色彩方面的经验，并受到东方艺术，特别是日本版画的影响，形成了自己独特的艺术风格，创作出许多洋溢着生活激情、富有人道主义精神的作品，表现了他心中的苦闷、哀伤、同情和希望。

一位英国评论家说："他用全部精力追求了一件世界上最简单、最普通的东西，这就是太阳。"

从历史的角度来讲，凡·高的确是位非常超前的画家。他作品中所包含的深刻的悲剧意识，其强烈的个性和在形式上的独特追求，远远走在时代的前面。

凡·高与高更、塞尚一起，成为后印象派的代表，其激烈的感情和强烈的色彩也为后来的野兽派和表现派所继承，在绘画史上有着不可磨灭的贡献。

其代表作有《夜晚的咖啡馆》、《星夜》、《向日葵》、《吃土豆的人》等。

凡·高一生留下了丰富的作品，这些作品中作者突出地追求自我精神的表现，一切形式都在激烈的精神支配下跳跃和扭动。

凡·高死后不出几年，一些画家就开始模仿他的画法，为了表现强烈的感情，可以不对现实作如实的反映，这种创造性的态度被称作表现主义，并且证明是现代绘画中一种经久不衰的倾向。即为了主观意识而对物体进行再塑造。

凡·高的作品对20世纪表现主义影响甚深，特别是苏丁和德国表现派画家，从他的作品中吸取了不少重要的原则。他是继伦勃朗之后荷兰最伟大的具有世界性影响的画家。

目　录

独特的孩子

19 世纪的荷兰有个名声显赫的凡 · 高家族，这个家族共有兄弟 6 人，其中有 5 个都是当时荷兰声名卓著的人物。

约翰内斯 · 凡 · 高是一名海军中将，是荷兰海军军阶最高的军官，在海军造船厂任职。

文森特 · 凡 · 高是一位令人尊敬的艺术品商人，他是西欧闻名的经营绘画的古比尔特公司的合伙人，在海牙成功地经营着古比尔特的分店。

亨德利克 · 凡 · 高拥有布鲁塞尔、阿姆斯特丹的大画店。

科尼利厄斯 · 凡 · 高则是荷兰最大商号的经理。

除了这几人以外，还有一个叫作泰奥多鲁斯 · 凡 · 高，他在荷兰北部的布拉邦特省的一个叫格鲁特 · 曾德特的村子里做牧师。他生性善良、朴实，富有教养，恪尽职守，深受当地教民的欢迎和称赞，但是却一直不受上级的赏识，在这个小村庄一待就是 20 年。

泰奥多鲁斯 · 凡 · 高作为一名忠诚的上帝福音的传播者，他的声望虽然不如凡 · 高家族中的其余几个人，但是他却养育了荷兰最伟大的画家之一——文森特 · 凡 · 高。

泰奥多鲁斯的妻子安娜 · 科妮莉亚是海牙人，她的父亲是海牙有名的“皇家装订工”，曾担任荷兰第一部《宪法》的王室附录制作工作。安娜姐妹三人，个个富有教养，一个嫁给凡·高家族的泰奥多鲁斯·凡·高；另一个嫁给了阿姆斯特丹有名的牧师斯特里克。

可惜，安娜一族人的健康情况都很糟。安娜曾有一位兄弟因癫痫病发作而早亡。这种病症是会遗传的，从安娜·科妮莉亚身上似乎也能隐隐约约看出若干这方面的迹象。她虽然平时表现温和，但有时特别的偏执，又多愁善感，有时会显得有点儿歇斯底里。

1853 年 3 月 30 日，对泰奥多鲁斯·凡·高夫妇来说既是伤感的一天，同时也是让他们令人高兴一天。就在去年的同一天里，他们的长子文森特·凡·高诞生了，可是喜悦的心情只围绕了他们短短 6 个星期，那个可怜的小家伙就不幸夭折了。

令人庆幸的是，今天，他们的第二个孩子诞生了。

泰奥多鲁斯·凡·高的妻子安娜·科妮莉亚抱着这个刚出生的小家伙，喜极而泣，对泰奥多鲁斯说：“亲爱的，这是上帝对我们的恩赐，是他赐予了我们那个不幸的孩子新的生命。”

泰奥多鲁斯此时也兴奋地趴到妻子的身边，看着孩子那红扑扑的小脸蛋，高兴地说：“上帝会保佑他的，会把对两个孩子的爱都赐予他的。”

“我想给这个小家伙仍然起名为文森特·凡·高，你认为呢?”安娜询问道。

“太好了，和我的想法一样，我们还把他叫作文森特。我相信这个名字一定会带给他平安、快乐的。”

听到父母的议论。这个刚出生的孩子竟然像听懂了一样，咧开小嘴笑了笑。

看到孩子天真无邪的笑容，泰奥多鲁斯夫妇终于把长子不幸夭折的疙瘩给解开了。

自从文森特·凡·高降生以后，泰奥多鲁斯家中又先后降生了 5

个可爱的小家伙。其中和他相差4岁的提奥，是凡·高最好的兄弟，也是他最忠实的朋友。

而其余的两个妹妹伊丽莎白、温美娜和弟弟康内利伍斯，在凡·高的眼里，好像是透明的，他平时很少和他们说话，甚至连招呼也懒得和他们打。

凡·高平时沉默寡言，喜欢一个人到野外散步，欣赏花草，观赏鱼虫，在他眼里大自然的美胜过和家人的相处。他的妹妹伊丽莎白后来回忆这段时光时曾经这样说：

> 大哥从我们面前走了过去。他要到溪边去，我们从他随身所带的玻璃瓶和渔网中看出了这一点。
>
> 但是我们当中没有一个人敢在他身后问："哥哥，我能一起去吗？"
>
> 不过，我们很了解他在捕捉水里的昆虫时有多聪明。他回来时，总给我们看各种各样的昆虫，这些虫子有着闪烁的褐色的壳，大而圆的眼睛，以及从水中出来后便神经质地伸缩着的弯曲的腿。
>
> 我们总是带着尊敬的口气谈论他，毫无嘲弄之意，但是却不敢要求去那清新凉爽的溪边，溪边开放着最为美丽的勿忘我和玫瑰色的睡莲，在那儿，把双手插入闪光的白沙之中，不受半点尘染。
>
> 那时候，我们凭本能感觉到：哥哥喜欢独处。他所寻求的不是陪伴，而是孤独。
>
> 他知道最珍贵的花长于何处。他避开那有着笔直街道的、小屋井然有序的村庄，通过丘陵和山谷走他的道路。每次他总能发现令人惊奇的东西，窥察到处于自然栖息地的稀有的小动物和鸟类。

对于鸟类，他知道它们筑巢或生活的地方。如果看到一对云雀降落在麦田里，他知道该怎样接近它们而不折断周围的禾叶。

大哥的这些本领，可能是因为大自然在他的耳边悄悄地告诉了他不少秘密吧！

小提奥的降生终于让凡·高从孤独中走了出来，他有了终生的伙伴。凡·高喜欢带着提奥到他的领地，教给提奥认知大自然的秘密。

一个星期天，凡·高领着提奥来到了他新发现的一个“世外桃源”。这里的天是那样的蓝，花儿是那样的红，河水是那样的清澈，一切给人的感觉都是那样的清新、美好。

凡·高被这景色深深地吸引着，不知道过了多久，只感觉被人捅了一下，他低头一看，原来是提奥，“提奥，怎么了？这里的景色不美吗？”

“不，哥哥，这里非常美，可是我发现有人在那边盯着咱们看呢？”提奥一边说，一边往河对岸指。

凡·高顺着提奥手指的方向望去，只见一个年轻人正支着画架，在那里作画。

“走，咱们去看看。”

凡·高说完，拉着提奥的手就向河对岸走了过去。

远远地提奥就开始惊呼：“哥哥，快看啊！那画上的人不正是你吗？”

只见那个年轻人的笔下正是望着美景呆呆出神的凡·高。别看凡·高年纪小，可是他的脾气却够大的，他三步并作两步走上前，对着那个年轻人不客气地问道：“你在干什么？”

那个年轻人显然被这声音吓了一跳，待他回过神来，看见是两个孩子时，笑着说：“小朋友，我是在画画啊！”

"你画的那个人是我哥哥吗?"提奥好奇地问。

"对,你觉得怎么样?像吗?"

提奥使劲点点头:"像,真像。"

那个年轻人听见赞美声,高兴地笑了。

凡·高板着脸对那个年轻人说:"把你画的那张画给我!"

面对如此不友好的口气,那个年轻人有些不高兴了,他反问一句:"为什么要给你?"

"因为你画的是我,而我并没有同意让你画我,所以我有权利要这幅画。"

"你这孩子怎么这样野蛮?要是别人早就高兴地再摆姿势让我画他了!"

"你到底给不给?"凡·高毫不妥协地问道。

那个年轻人看见凡·高如此地执着,最后只好妥协,把刚画好的画递给了他,然后气愤地走了。

当那人走后,提奥不解地问道:"哥哥,你为什么一定要这幅画呢?"

凡·高指着画,一本正经地说道:"你看,这画表面上看画得还行,可是你再仔细看,面部表情呆板,两眼空洞,我才不要那个人把我画得那么丑呢!"

说完,凡·高毫不犹豫地把那幅画给撕掉了。

"哥哥,你的眼力真厉害,我想大画家也不过如此,你以后要是画画一定比他们都强!"

谁也没有料到,提奥的一句童言,日后竟然成为了现实,凡·高成为了继伦勃朗以后,荷兰最伟大的具有世界影响力的画家。

坚决不能重新画

凡·高一天天地长大了，他已经不再满足只是单纯地欣赏自然的美，他渴望用自己的手把这种美描绘出来。于是他开始了画实物和速写。

凡·高的母亲安娜从小就喜欢画画，而且很有绘画天赋。可是后来，由于她要帮助家里照顾妹妹们，所以才放弃了很多画画的机会。现在看见自己的儿子竟然和自己一样，喜欢绘画，她立刻表示百分之二百的赞成，还亲手教凡·高基本功。

没过多久，安娜发现凡·高不仅喜欢画画，而且还非常有天赋，他能够一眼就抓住事物的本质，看到事物的最亮点。这非凡的眼力对一个画家来说是成功的第一步。

有一次，凡·高画了一幅画：冬天的花园里，一只猫在光秃秃的苹果树上疯狂地飞奔着。

这使安娜大吃一惊，这幅画的表达是如此惊人，她竟然不敢相信这是真的。从此以后，她更加用心栽培凡·高。

为了不埋没儿子的天赋，安娜虽然有忙不完的家务，但是她总是抽出时间陪凡·高一起画画，告诉他如何运笔，如何着色，如何修饰等。

安娜没有时间的时候，凡·高就叫上提奥一起到大自然中去，去画那里的花，那里的草，那里一切美好的东西。

每当凡·高画画的时候，提奥总是静静地陪在他的身边，思想随着哥哥的画笔而变动。

每当一幅画画完了，凡·高总会让提奥对画提出意见。那时候的提奥年龄还小。对画的好坏仅仅凭自己的感官，但是即使这样，他提出的修改意见凡·高也总是欣然接受。

在安娜和提奥两个人的帮助下，凡·高的绘画功底日益加深，而且对绘画也越来越迷恋。

泰奥多鲁斯看到这一切，不禁着急了。

一天，他对安娜说："亲爱的，文森特现在是不是非常喜欢绘画？他长大了是不是想当一名画家？"

一提到儿子的绘画，安娜脸上立刻呈现出笑容，她回答说："我们的儿子文森特简直就是为绘画艺术而生的，别看他的年纪不大，可是他的眼力独特，他笔下的植物入木三分，动物栩栩如生，他是个天才，绘画的天才！"

泰奥多鲁斯非常严肃地问道："那你看他对绘画是一时的兴趣呢，还是打算将它作为自己终身的事业呢？"

安娜沉思了一下，摇摇头说道："这个问题，我没有和他探讨过，我只知道他现在非常喜欢画画。"

听了这话，泰奥多鲁斯长出了一口气，他非常郑重地说："亲爱的，咱们的大文森特已经不在了，我不想这个小文森特将来处于孤独和贫苦中，所以我希望能够及早转移他的兴趣，我不希望他长大以后从事绘画工作！"

"为什么？"安娜有些不满地问道。

“你想想，哪个画家生前的生活不是一贫如洗呢？即便是咱们荷兰最伟大的画家伦勃朗也不例外，他们简直连饭都吃不饱，我可不希望咱们的儿子长大了受那样的苦。亲爱的，我知道你爱文森特，所以你一定会支持我的，对吗？”

听了这些话，安娜已经到嘴边的反驳的话咽了回去，她喃喃自语道：“画不画家不重要，最重要的是让我的儿子能够过上幸福、快乐的生活。”

泰奥多鲁斯看见安娜的态度发生了转变，终于露出了笑容。

他说：“如果你愿意，我希望文森特长大以后能够继承我的事业，传播上帝的声音，如果他实在不愿意，可以让他向文森特哥哥学习，做一名出色的艺术品商人，那样也不会埋没他的艺术天赋。其实，我的想法很简单，只希望他能过得幸福。”

安娜赞成地点了点头，说：“我会想办法的，可是这孩子脾气倔，你千万不要硬来。”

“好，我听你的。”

这次谈话后，安娜对凡·高的绘画再也没有以前热心了，但是这丝毫也不影响凡·高的绘画热情，在他眼里，还有提奥这个忠实的画迷，这就够了。

一天晚上，安娜忙完家务把凡·高叫到身边，对他说：“我亲爱的儿子，今天妈妈给你讲个故事好不好？”

一听讲故事。凡·高高兴得立刻扔下手中的东西，乖乖地坐到母亲身边。

“17 世纪，咱们荷兰诞生了一位伟大的绘画大师，他的名字叫作伦勃朗·哈尔曼松·凡·莱因，他是欧洲 17 世纪最伟大的画家之一，也是荷兰历史上最伟大的画家。”

安娜慈祥地望着儿子，问道：“这个人你一定很熟悉吧？还是你的偶像呢，对吧！”

一听到伦勃朗的名字，凡·高的眼睛都发亮了，他羞涩地点点头说：“妈妈，您怎么知道他是我的偶像呢！”

“因为我是你的妈妈啊！好了，接着听我讲吧！”

“伦勃朗最有名的一幅作品叫作《夜巡》，这是一幅无价的珍品，但是它却让伦勃朗陷入了一个窘迫的境地。”

“怎么会这样呢？”凡·高不解地问道。

“那个时候，咱们荷兰处于一个绘画风潮泛滥的时代，当时的绘画主要是为市井各种阶层作肖像画，所以雇主的满意与否是一个画家能否成功的关键。这个时候的伦勃朗已经非常有名了，他的画在荷兰十分受欢迎，故而生活也十分优越。”

听着母亲慢条斯理的讲述，凡·高有些着急，催促着：“那后来呢？”

“有一天，一个叫作班宁柯克的连长和他手下的民兵共 16 个人，每人出了 100 盾，请伦勃朗画一幅集体像。

“伦勃朗没有像当时流行的那样把 16 个人都摆放在宴会桌前，画出一幅呆板的画像，而是自己设计了一个场景，仿佛 16 个人接到了出巡的命令，各自不同地在做着准备。

“这幅画采用强烈的明暗对比画法，用光线塑造形体，画面层次丰富，富有戏剧性。从任何地方来看，都是一幅绝对的杰作。”

“但是，粗俗的民兵们不干了，大家都是出了 100 盾，为什么有人在画中那么明显，而自己却要隐身在后面。民兵们要求伦勃朗重新画一幅肖像……”

本来听得非常入神的凡·高突然站起身，大声说道：“坚决不能重新画！”

安娜听了凡·高的话吓了一跳，因为当时伦勃朗的做法和凡·高说的一模一样。

当时，出于一个画家的艺术感，出于坚持自己的艺术主张和创作方法，伦勃朗坚持不重新画一幅。

这件事情闹得整个阿姆斯特丹沸沸扬扬，打这以后，就再也没有人找伦勃朗来画集体肖像了。

安娜说道："儿子，伦勃朗当时就像你现在一样坚决，他没有重画这幅画，可是从那以后再也没有人找他画集体画了，慢慢地连肖像画也没有人向他订了。

"他变得非常贫穷，被迫搬到了贫民区。他的妻子和儿子生了重病，因为没钱医治，先后死在了他的身边。而他自己也因为贫苦交加，最后悲惨地死去了。"

安娜充满深情地讲完这个故事，她发现凡·高已然泪流满面。她爱怜地一把将儿子搂了过来，说："文森特，不要害怕，你是不会像他那样的！"

"不，妈妈，我没有害怕，我只是被伦勃朗感动了。也许我现在还小，还不知道什么是贫苦，但是我相信即使我长大了，对贫苦了解了，我也会赞成他的做法的，艺术家就是要为艺术献身的……"

最后，凡·高举起自己的小胳膊，像宣誓一样把他的拳头放在耳边，一字一句地说道："我要向伦勃朗学习！"

安娜听了这话，睁大了眼睛，"啊"了一声，再也不知道说什么好了。

安娜把这次的谈话和泰奥多鲁斯说了，泰奥多鲁斯也只好无奈地摇摇头，对于这个大儿子，他这个做父亲的真的一点办法也没有，这个孩子太过倔强，拗着他的脾气，反而会达到相反的结果。

最后经过反复地商讨，泰奥多鲁斯夫妇决定将凡·高送到寄宿学校去，那样既能得到良好的教育又能使他转移注意力，结交更多的朋友。

孤独的学生

凡·高在8岁的时候，被送往格鲁特当地的乡村小学读书。但是因为一个意外的原因——学校的校长居然酗酒，学校被关闭了。就这样凡·高才读了一年，就中断了学习。回家后，他就一直在父母的指导下自学。

凡·高11岁了，他上学的事情又提到了日程上来。泰奥多鲁斯费了好大的力气终于给凡·高找到了一所好学校——简·普罗维利私人寄宿学校。

这所学校教学秩序良好，开设了英、法、德三门语言课程，特别让泰奥多鲁斯高兴的是，学校还开设了宗教学习课程和文学阅读课程。这些都是凡·高一直比较感兴趣的。

但是，泰奥多鲁斯也有点担心，毕竟学校有点远，在25英里外的泽芬贝亨村。凡·高长这么大，还没有离家那么远独自生活过呢！可是，为了他的前途，这是最好的一条路了。

当泰奥多鲁斯把这个消息通知给凡·高的时候，还没等凡·高表态，站在他旁边的提奥就不满地大声嚷嚷了起来："我不同意，把哥哥送去那么远的地方，他要是想家了怎么办？他要是受人欺负了怎么办？他要是生病了怎么办？”

这一连串的怎么办，让安娜的心都快碎了，她本来就舍不得这个最疼爱的儿子离开她的身边，现在她的眼泪再也抑制不住，流了下来。她试探着问：“要不，咱们还是让文森特留在家吧，我多抽出点时间教他学习，行吗？”

泰奥多鲁斯看到这种情景不由得叹了口气，说道：“我也舍不得文森特，但是总不能让他一直待在家里啊，他已经是大小伙子了，要学着独立。而且你交给他的知识毕竟是有限的，现在大家都舍不得他，但是这样做对他绝对是有好处的。”

安娜还想反驳，这时凡·高开口了，“就这样定了吧，我去收拾东西，然后明天一早就去学校。”

说完，他转过身，径直走进了自己的房间。

安娜看见凡·高也同意去寄宿学校了，她只好默默地去为他收拾行李。

提奥可不管这些，他跑进凡·高的房间，搂着凡·高的大腿，哭着喊道：“哥哥，我不让你去，提奥不让哥哥走！”

直到这时候，凡·高那冷酷的伪装才卸了下来，他轻轻地搂住提奥的肩膀，擦了擦眼角的泪水，说道：“提奥乖，哥哥上学是学知识去了，不会有人欺负我的，而且我放假的时候还能回来和你一起玩呢！我走后，你一定要听爸爸妈妈的话，不许淘气，知道吗？”

凡·高的这番话被站在门口的泰奥多鲁斯听得一清二楚，他悄悄地抹了抹眼角的泪水，为拥有一个如此懂事的、面冷心热的孩子感到欣慰。

第二天一早，凡·高就和父母一起到了学校。父母给他办理了注册、食宿等手续，就得马上回去了，因为家里的其他孩子们都还等着父母回家做晚饭呢！

临别之时，凡·高的心情低落极了。他站在学校门前的台阶上，一直呆呆地看着载着爸爸和妈妈的那辆马车慢慢地离去，他挥舞着双手和他们再见，一直到马车成了一个小小的黑点。

父母走后，一种无边无际的孤独感把凡·高团团围住。以前是他不爱答理别人，现在是他没有人可以答理，同样是孤独，但是所处的环境却相差十万八千里。此时的凡·高最渴望的就是放假，好回到温暖的家，看到可爱的提奥，慈祥的父母。

凡·高在给提奥的信中对当时的情景这样描述：

> 那是一个秋天，我站在普罗维利私人学校门前的台阶上，望着那辆马车载着爸爸和妈妈向家乡驶去。
>
> ……
>
> 大约两周后的一天，我正独自站在学校操场的角落里，有人来告诉我说，那边有个男子在打听我；我知道那是谁。
>
> 片刻以后，我扑在父亲脖子上。那一刻，我心中所产生的，难道不就是这样的感觉吗？因为你们是儿子，所以上帝在你们心中放进了圣子的精神，大声呼叫吧：圣父，父亲！

在简·普罗维利学校的日子，对凡·高来说就是一种煎熬，他把自己封闭了起来，不与任何人交往。老师和同学都觉得他是个严肃得近乎忧郁和压抑的少年。

性格孤僻的凡·高把时间和精力大多投入在了绘画和阅读上。这倒是让他很快就取得了学习上长足的进步。他掌握了多国语言，能像母语荷兰语一样熟练地运用法语和英语，德语也达到了相当的实际运用水平。

学校开设的绘画课程，也让他正式开始了艺术方面的启蒙教育。

两年后，凡·高以优异的成绩结束了在简·普罗维利私人寄宿学校的学习。这让家里人都很高兴，特别是对他寄予厚望的泰奥多鲁斯。

这年9月，凡·高被送往北布拉邦特的中心城市蒂尔堡，在那里的威廉二世国王公立学校注册学习。

那是当时一所极为开明的学校，它的创建人和首任校长F. 菲尔斯锐意革新，延聘了一大批高标准、有教养的教师，形成了自由宽松的学校环境和浓厚的学习气氛。

尤其引人注目的是，在该校每周36节课时中，艺术课时居然高达4节，而且花费不少的资金购入绘画大师们画作的复制品，供学生们观赏学习。菲尔斯校长希望他的学校有朝一日成为荷兰国家艺术教育中心。

艺术课教师胡斯曼是一位已在巴黎赢得声誉的画家，他为学生们编写了素描教材，不仅按照当时荷兰教育大法的规定教授透视课，而且率先领导新潮流，开设了一间具有相当规模的画室。在晴朗的日子里，他还带领学生们外出写生。

凡·高到了这里，简直就是如鱼得水，他的绘画天赋得到了充分的发挥。他认真地学习每一门课程，除了透视法外，门门课程都获得了一流的成绩。

放假的时候，凡·高高兴地返回格鲁特村，在路上他还在不停地盘算着，这个假期和提奥去哪里玩。

终于回到了朝思暮想的家，凡·高一反常态地到了家门口就喊道："爸爸、妈妈、提奥，我回来了！"

听到凡·高的声音，安娜急忙跑出屋，一把把凡·高搂在怀中，高兴地说道："我亲爱的文森特，你终于回来了，妈妈可想你了！"

凡·高环顾了一下四周，问道："妈妈，爸爸和提奥呢？"

"你爸爸在工作，提奥去寄宿学校上学了。"

"什么？提奥去寄宿学校上学了？难道他还没有放假吗？为什么

没人告诉我这件事？”

面对凡·高的质问，安娜不在意地说道：“提奥刚去不久，还没来得及告诉你。”

“他们不放假吗？”

“他们学校在假期的时候有个野营活动，所以提奥这个假期不回来了。”

听说提奥不回来了，凡·高的心情郁闷极了，他本来因为兴奋而涨红的脸，现在变得苍白，双眼的光芒也暗淡了下去。

安娜看见凡·高的情绪有些低落，急忙对他说：“别不开心，你的其他的妹妹和弟弟还在家呢，和他们在一起不也一样吗？”

凡·高随口应了一声，低着头进了屋。本来稍微开朗了些的凡·高因为提奥不在，又变得沉默、孤独了。

晚上泰奥多鲁斯回到家，安娜高兴地告诉他，凡·高放假回来了，正在屋中看书。

为了不打扰凡·高，泰奥多鲁斯轻轻地推开房门，向屋中望去，只见凡·高正坐在书桌前，棕红的头发胡乱纠结在头顶，额头上已经有了几道皱纹。在隆起而高耸的眉脊上，眉毛在沉思中聚拢着。眼睛深陷在眼窝内，一会儿蓝，一会儿绿，随情绪不定而变化着。

“哦，我亲爱的儿子，希望上帝永远保佑你！”泰奥多鲁斯心中默默地为凡·高祈福着，然后悄悄地掩上了房门。

假期虽然没有提奥的陪伴，但是毕竟是在父母的身边，凡·高过得还是比较愉快的。一晃，又开学了，想想回到学校，能够从事自己喜爱的绘画，凡·高不再像以前那样抵触了。

4年后，凡·高以优异的成绩从威廉二世国王公立学校毕业了。

这时候的凡·高已经长成大小伙子了，个子比泰奥多鲁斯都高了。事业成了摆在他面前最重要的选择。

绘画比吃饭重要

泰奥多鲁斯兄弟共 6 个，其中和他关系最好的，要数和凡·高同名的文森特·凡·高，泰奥多鲁斯和他相差 1 岁。两人自幼关系就非常密切，长大后又分别娶了“皇家装订工”家的一对姐妹花，这样亲上加亲，关系就更加密不可分了。

老文森特原来是名成功的艺术品商人，早些年凭着对巴比松画派“大自然艺术”的敏感，他的画廊很快发展成为荷兰，甚至整个欧洲著名的画廊。老文森特对荷兰海牙画派的产生和发展作出了重大贡献，他本人也因此成为荷兰、欧洲艺术界的知名人物，并与荷兰王室成员往来密切。

1861 年，老文森特正确地估计到，历史上产生过伟大北方画派的荷兰对于巴黎仍然具有不可抗拒的魅力和诱惑，遂前往巴黎，将自己的画廊并入当时领导欧洲和世界潮流的法国古比尔特公司，成为该公司的海牙分公司。

后来，老文森特因为身体的原因，慢慢地将画廊的生意托付给别人，自己脱身出来，找了个安静的地方，开始安度晚年。老文森特膝下无子，在凡·高很小的时候，他就曾经透露过想让他继承自己事业的想法。当时，泰奥多鲁斯一心想让凡·高继承自己的事业，继续传教，所以对老文森特的提议并没有理会。

现在凡·高长大了，而且对绘画非常感兴趣，泰奥多鲁斯和安娜商量，决定让凡·高先去文森特伯父那里看看，看他是否有兴趣在那里工作。

这一天，泰奥多鲁斯带着凡·高和提奥去海牙，看望凡·高伯父。

海牙是一座风景优美的小城，随处可见低缓的山丘和葱茏的树林。郊外平坦的牧场上，散布着明珠般的小湖。得天独厚的优美环境和便利的交通，使得海牙成为荷兰王室和政府所在地之一，也成为“海牙画派”艺术家理想的领地。

文森特伯父住在海牙郊外一个幽静的山丘上，这里风光秀丽，空气清新，凡·高一到这里，就被深深地吸引了。

“哥哥，咱们到了！”提奥的欢呼声，把凡·高从周围的景色中拉了回来。

原来他们已经到了文森特伯父的家门口。泰奥多鲁斯礼貌地按了按门铃，没过多久，门开了，文森特伯父迎了出来。

“哦，我亲爱的泰奥多鲁斯，我以为你还要再等上一会儿才能到呢，否则我早就出来迎接你们了。”文森特伯父看见他们一家人高兴地说道。

“我实在是太想你了，所以乘上第一班车就赶了过来。”泰奥多鲁斯笑着说道。

这时，凡·高和提奥走上前，十分绅士地和文森特伯父打了声招呼。

文森特伯父十分爱怜地对这哥儿俩说：“快进屋，看看我给你们准备了什么礼物！”

一听到礼物，提奥高兴地拉着凡·高的手就往屋里跑。文森特伯父和泰奥多鲁斯笑着随后也进了屋。

这是凡·高第一次来这里，他环视了一下屋中的环境，虽然屋中的装修很豪华，但是他的眼睛穿过这些，一下子就盯住了墙上挂着的一幅幅的油画。

凡·高不知不觉地走到了油画前，一幅幅认真地审视着，突然一幅极不起眼的画面吸引了他……

这时，提奥已经拆开了桌子上的礼物，原来是一个非常逼真的动物模型。

“天啊，简直太像了！文森特伯父，你简直就是我的圣诞老人，我太爱您了！”提奥夸张地说道。

“呵呵，你这孩子今天嘴上是不是抹了蜜啊，这么甜！”文森特伯父笑呵呵地说道。

“我说的是实话，我早就想要这个模型了，可是爸爸却不给我买，今天竟然在您这里得到了，我真的太高兴了！”提奥一本正经地说道。

听到提奥这样回答，文森特伯父笑得更开心了，“喜欢就好，喜欢就好。”

“咦？文森特呢？”文森特伯父突然发现凡·高没有拆礼物，他一边问一边往四周望去。

“哥哥在看画呢！”提奥把手指向了角落中的凡·高。

文森特伯父走到凡·高的身边，看见这个心爱的侄子正入神地盯着画中的人物，悄悄地落泪。

文森特伯父轻轻地唤道：“文森特！文森特！”

一连叫了好几声，凡·高才回过神来，发现身边多了个人，急忙擦了擦眼角的泪珠，问道：“伯父，这幅画画得这么好，为什么不放在显眼的地方呢？”

文森特伯父对凡·高赞赏地点点头，说道：“没想到，你小小年纪，竟然能够看出画中所表达的意思，能够领略出其中的奥秘。这幅画确实意义深刻，但是很多人都只是看外表，看不出它真正的含义，所以我放在角落里，免得让不懂画的人，把它给糟蹋了。”

凡·高似懂非懂地点点头，又问道：“我想去您的画廊参观一下，您看可以吗？”

“都中午了，难道你还不饿吗？画不能当饭吃的。走，我带你们吃大餐去！”

“可是看画的事情……”

“吃完饭就去。”

得到文森特伯父的允许，凡·高高兴极了，这次轮到他着急了，他催促着大家赶快走，赶紧去吃饭。

看着儿子着急的模样，泰奥多鲁斯笑着说道：“这个文森特，一说到画，他简直什么都顾不上了，我敢打赌，这顿饭不管有多么丰盛，他也肯定吃不出味道来了。”

文森特伯父赞赏地说：“别看他年纪还小，可是绘画的造诣已经不浅了，真不愧是我们凡·高家族中的人，没有辱没咱们画商之家的称号。”

提到这里，泰奥多鲁斯急忙搭讪道：“文森特现在已经毕业了，我想让他去你那里做事，你看如何？”

“真的吗？太好了！我早就有这个想法，而且这个孩子的天赋这么高，我相信他将来一定会成为比我还要成功的画商！”文森特伯父兴奋地说道。稍微顿了一下，他接着说：“我先写一封推荐信到古比尔特公司，让文森特先从店员做起。这是一帆风顺的起点，好好干吧！”

上古比尔特公司当店员的事情就这样敲定了。1869年，凡·高离开了自己的家乡，带着伯父写给他的推荐信开始了他人生新的历程。

热情洋溢的小职员

古比尔特海牙分公司坐落在海牙的普拉茨广场一旁，广场紧邻着一片林木环绕的小湖，湖对岸是著名的莫里斯皇家艺术陈列馆，其中珍藏着 15 世纪至 17 世纪北方画派的不朽名作。

古比尔特海牙分公司拥有一座四层楼的营业大厦。底楼是画廊，布置得富贵而有尊严。画廊的入口挂着厚重而富贵的天鹅绒帷幔，过道里装饰着体面而优雅的墙毯，那些令人敬畏的艺术珍品或新秀佳作就镶嵌在豪华的金色画框里，悬挂在墙上。

海牙分公司的经理特斯蒂格是由文森特伯父一手提拔起来的，只长文森特几岁。特斯蒂格是个好上司，他待人真诚、态度温和，与雇员们打成一片。在他的领导下，公司的气氛开朗、进取，这让刚走出校门，拙于人际关系的凡 · 高感觉十分放松，他很快就适应了在古比尔特艺术公司的工作和生活。

最初，特斯蒂格分配给凡 · 高的工作是负责古比尔特艺术公司各分公司之间画作的流通。这要求凡 · 高能够辨识公司经营的各类画家的作品，把它们按标价和级别进行分类、包装和展示。

因为工作的原因，凡 · 高每天可以近距离地观赏画家们真正的作品。这些画作是那么的真实和直接。它们在画布上绽放出来的色彩和散发出来的气味，让凡·高的心灵产生了极大的震撼。

每一次，凡·高驻留在这些画作的面前，他激动的心情都久久不能平静。他认真地凝望着这些作品，心中暗暗地随着画作的线条进行勾勒……在这里他的绘画天赋得到了进一步的激发。

慢慢地，公司所收藏、陈列的各类原作、复制品、印刷品以及画家的代表作品，已经不能满足凡·高如饥似渴的需求了，他把眼光投向了莫里斯皇家艺术陈列馆。

莫里斯皇家艺术陈列馆收藏的作品基本上出于当年威廉三世王子的选择，后来又根据公众的品位进行了适当扩充。就当时这样一类社会公众的艺术设施而言，该馆无疑是当时最好的北欧艺术中心了。

在这里凡·高接触了北方画派以及北欧艺术的大师们："魔鬼炮制者"博斯的地狱之光，"农民勃鲁盖尔"这是老勃鲁盖尔充满色彩、质感和深刻人文精神的尼德兰市镇乡村风景，大勃鲁盖尔天鹅绒般精美绝伦、生机袭人的四季花卉，伦勃朗巨幅的《解剖学课》，鲁本斯饱满丰腴、肌肤可触的肖像人体，以及霍尔拜因超然世事、注重质感和细节的样式主义画作……

在这些陈列中，有两幅画深深地留在凡·高的记忆里，一幅是雅各布·凡·雷斯达尔的《漂布场附近的哈勒姆风景》；另一幅是扬·弗美尔的《代尔夫特风景》。它们属于为海牙画派所赞赏，也为凡·高所喜爱和熟悉的那一类作品。

雷斯达尔被认为是荷兰最伟大的风景画专家，他擅长捕捉大自然的力量与活力。许多林景作品，成为19世纪欧洲风景画家们效仿的典范。

弗美尔是典型的荷兰风俗画家，他的名声仅次于伦勃朗。当时，荷兰的风俗画非常流行，一般分为两大流派。这些绘画作品，过于重视说教，因此往往缺乏真实性。弗美尔的风俗画虽然包含了说教的要素，但隐藏得非常巧妙，令人很难发现。弗美尔善于借助色彩与光线的微妙变化，提升画面的气氛。他最优秀的作品色彩都趋向保守，以淡黄色、深蓝色、灰色为主，经由反复涂抹这些淡彩，来表现不同材质，表现从窗外射入的光线微妙的变化，形成他作品的永恒魅力。

总之，莫里斯皇家艺术陈列馆所收藏的作品，对凡·高产生了深远的影响，他深深地陶醉在荷兰艺术大师们展现的深沉而壮丽的美术世界中。

艺术和文学是相通的，除了对绘画的热爱以外，凡·高对阅读也非常感兴趣。他喜欢在书的海洋中畅游，喜欢和那些他欣赏的作家们，像安徒生、莎士比亚、狄更斯、乔治·艾略特、班扬、济慈、卡莱尔、H. B. 斯托、朗费罗、爱伦·坡、富兰克林、巴尔扎克、雨果、左拉、福楼拜、莫泊桑、都德、伏尔泰、托尔斯泰、陀思妥耶夫斯基、歌德、海涅等，在思想上进行交流。

在海牙这个陌生的环境中，凡·高因为有了画和书这两个朋友，而变得快乐充实。他真正告别了童年时代，对自己的人生开始了规划。

生活中的愉悦使凡·高在工作中也表现了蓬勃的生机，他的工作非常出色。和公司有业务来往的艺术家们都非常喜欢这个年轻而又真诚的小伙子，常常邀请他参加艺术家团体的一些聚会。在和艺术家们的交往过程中，凡·高的艺术鉴赏力有了质的飞跃，同时对艺术的热爱无以替代。

不久，因为凡·高的出色表现，他被调往布鲁塞尔分店工作。1873 年 5 月，公司又提拔他去伦敦分公司工作，提奥顶替了他在布鲁塞尔分公司的位置。

一晃儿，凡·高在古比尔特公司已经工作 5 年了，这 5 年里他换了 3 个分店，在每个分店里他都受到了大家的一致好评。

文森特伯父写信对泰奥多鲁斯说："文森特不愧是凡·高家族中的一员，我们因为他而骄傲，我相信在不久的将来，他一定能够胜任我的职位。"

这封信是对凡·高工作的一个肯定，有了这个肯定，泰奥多鲁斯那颗悬着的心才算落地，凡·高终于长大了，终于可以不再为这个孤僻的长子担心了。

要相信自己

古比尔特公司伦敦分公司位于泰晤士河畔河滨路南安普顿街17号，凡·高居住的地方离那里不远，步行半个小时就到了。可是他还是早早就起床，提前一个小时就出发，因为路上有好多的景致会吸引他，使他流连忘返。

在一天的工作结束后，凡·高会沿着泰晤士河慢慢地往回走。在回去的路上，如果遇见令他着迷的东西，他会拿出随身携带的笔和纸进行素描，可往往觉得不是很满意，嘴里还念念有词："差劲！简直是垃圾！"

在写给提奥的信中，凡·高会叙述自己一天的见闻，会和他说自己对艺术的见解，有时也会向他发发牢骚，说说自己在绘画上的失败。

每当提奥接到凡·高的来信后，都会第一时间给他回信，他会分享凡·高的喜悦，分担他的苦恼，鼓励他在绘画上面继续坚持……

一天，凡·高接到提奥的来信，提奥在信上说，他不久会因公经过伦敦，会去顺便看看凡·高。

知道提奥要来的消息后，凡·高高兴极了，一整天都是笑呵呵的。店里的其他店员调侃他："凡·高，你是不是恋爱了啊？"

凡·高听到这样的问话感到很奇怪，他说道："恋爱？不，我还没有。"

"那你怎么这么高兴啊？"

"我最亲的弟弟，也是我最好的朋友，提奥，要来看我了。"

"哦，这样啊！我还以为你是恋爱了呢！"

凡·高在心里默默地想："恋爱，难道会比见到提奥，还让人兴奋吗？"

凡·高怀着这种喜悦的心情等待着提奥的到来。

两天以后的中午，凡·高正在低头整理画卷，忽然一个似曾相识的声音传来："请问，最上面那幅画的作者是谁？"

对于这个早已熟记于心的问题，凡·高头也不抬地回答道："那是米勒的《晚钟》。"

"能给我讲解一下吗？"

这声音怎么这么熟悉啊？凡·高放下手中的活儿，抬起头，"天啊，竟然是提奥，提奥来了！"

虽然凡·高早有心理准备，但是看见提奥，他还是大吃一惊，他上下仔细打量了提奥一番，欣慰地说道："你长高了，也强壮了！"

提奥伸出自己的双臂说道："我亲爱的哥哥，想死我了！"

兄弟两人拥抱了一下，凡·高说道："你等我一下，我去请个假，然后带你好好转转伦敦。"

"这样会耽误你的工作的，我还是等你下班吧！"

"别担心，没关系的。我到这里这么长时间了，一次假也没有请过，我相信他们会很痛快地答应我的。而且在我的心中没有什么比你的到来更重要的了。"

凡·高向经理请了半天假，然后带着提奥四处去转转。他们两个人见面都兴奋极了，有说不完的话。

不知不觉中，天已经黑了，凡·高拉着提奥回到了他的住所。

房间很破旧，墙壁上的水泥有些都已经脱落了，由于年头太久，天花板也已经倾斜了。

但是，这一切都被凡·高用画给遮掩住了。他把画分门别类地摆在四周，让人的眼球被画中的景致所吸引，而无暇去看他的房屋是不是简陋不堪。

提奥站在屋中央，环视了一下四周，惊叹道："天啊，古比尔特什么时候在这里又开了一家分公司啊？"

凡·高羞涩地说："这些画中很多是我临摹的，它们太贵，真品我实在是买不起。"

"我敢肯定，你的那些薪水都用去买画了，否则你绝对能住一间比这要好得多的房子。"

"这里确实很简陋，我也曾经想过换一个好一点的住所，但是到了发薪水的时候，我总是情不自禁地拿它们去买那些我所钟爱的画。有时候，我没有计划好，还会出现入不敷出的情形。那时我只能将画画作为粮食，忘记饥饿，耐心地等待下次发薪水的时间。"

听了凡·高的这番话，提奥紧紧地握住凡·高的手，非常坚定地说道："我答应你，这种情况再也不会发生，以后你要是喜欢什么你就去做，我会成为你最坚实的后盾，在经济上支持你的！"

提奥说到做到，在以后的岁月里，他无私地为凡·高提供经济帮助，成为他的经济来源。

凡·高听完提奥的话，感动地说："谢谢你，我的好兄弟！"

他话锋一转，笑着说："现在我还能够养活自己，知道你要来，我特地预支了薪水，买了好多东西，都是你爱吃的。"

说完，凡·高像变魔术一样，拿出了好多食物，有牛肉、鸡蛋、罐头、奶酪、面包、黄油，还有一瓶他从来都没喝过的杜松子酒。这些食物整整花去了他薪水的一大半，可是凡·高一点也不心疼。

“这么多食物，简直够吃上半个月的。”

“那你就在我这里，帮我把它们都吃光再走吧！”凡·高多么希望提奥能够多待些日子啊！

他俩把食物摆放好，然后一人倒上一杯杜松子酒，凡·高提议道：“为了表达我最真挚的祝福，让我们干了此杯！”

凡·高和提奥都不会喝酒，但是为了表达他们的喜悦之情，两个人都一饮而尽。热辣辣的酒穿过喉咙，两人都不由自主地咳嗽了起来。咳嗽完后，两人相视一笑，愉快的谈话开始了。

提奥问道：“你觉得英国的美术与荷兰的美术有什么不同吗？”

凡·高回答道：“起初，我倒不觉得英国美术有什么魅力，待我熟悉这里的状况后，这种看法就改变了。在这里，除了米雷斯的《犹古诺教徒》及《欧菲利亚》等作品外，还有不少优秀的画家。有风景画家康斯达普、达那，专画美人肖像的雷诺亚和肯因斯波罗。”

凡·高顿了顿，问道：“提奥，我知道你对于艺术怀有极大的兴趣，你最喜欢谁的作品？”

“我比较喜欢密雷·贾克和法国豪斯等人的作品。”

“那太好了，那些都是货真价实的东西。不过，我认为米勒的《晓钟》才是最真实的，他的作品实在很美，像诗篇一样的动人，可是一般人却不大称赞它。”

“我也有同感。很多美好的画经常得不到人们的注意，那些买画的人，很多都是对绘画一窍不通的，他们买画只是为了显示自己有高雅的兴趣。一想到要把画卖给他们，我就会很难过。可有什么办法呢，他们有钱。”

凡·高点点头表示赞同，说道：“你的性格随和，遇到这种情况能够比较好地处理，可是我每次遇到这种情况都会气得发疯，有的时候真想辞职算了，但又舍不得离开那些画。我矛盾极了。”

提奥不知道该怎么劝说凡·高只好转移话题，他说道：“文森特，你在信中说，你的素描总是不理想，可是我觉得你的画真的非常棒，你是不是对自己的要求太高了啊？”

凡·高摇摇头，说道：“昨天我去教堂祈祷，在教堂外边看见一个瘦小的老婆婆，她的头上披着一块黑纱巾，纱巾又脏又破，她的脸上布满皱纹，眼睛像受伤的鹰一样哀伤又绝望。我当时特想把她描绘出来，可是我总是画不好。”

凡·高说完，起身来到床边，拿起一叠画纸递给提奥，“你看这就是我画的画。”

提奥仔细地端详着画中的老婆婆，觉得一个困难的形象被凡·高画得栩栩如生，他说道：“看，这幅画多么惟妙惟肖啊！你怎么能说它画得不好呢？”

凡·高盯着这幅画看了又看，最后一拍脑袋，惊喜地说道：“我明白了。”

提奥困惑地看了一眼凡·高，问：“明白什么了？”

“我知道哪里不对了。这幅画看起来确实很像，但是她对生活的那种渴望却没有表达出来。看来我还要再仔细琢磨琢磨。”

“文森特，你难道没发现这就是你的过人之处吗？一般人，只追求形似，而你追求的是神似，这才是绘画的最高境界。你简直太棒了！”

听提奥这么一说，凡·高心中的乌云被驱逐走了，他重新树立起信心。

提奥举杯，道：“为伟大的艺术干杯！为我伟大的哥哥干杯！”

提奥因为有公务在身，在伦敦只待了一天就走了。在临走前他对凡·高说：“我觉得成为艺术家最首要的，也是最难办到的就是观察力，而你已经完全具备了这一点，我相信如果你掌握了绘画的技巧，一定能够成为艺术家的，而且是伟大的艺术家。”

提奥的这些话在凡·高的心中掀起了千层浪，他自问道：“我行吗？我行吗？我行！我肯定行！”

目送提奥走远，凡·高也向自己的过去摆了摆手，他笑着对自己说：“文森特，提奥走了，你也和昨天说再见吧！相信提奥的话，也相信你自己，你会成为艺术家的。”

初恋的折磨

提奥走后没多久，凡·高就搬新家了。房东是法国牧师的未亡人洛瓦埃夫人，她有一个女儿名叫尤金妮亚，时年19岁，母女两人经营幼儿园。凡·高称这个家庭为“非常快乐的家庭”。

凡·高在他自己的屋子里，布置了提奥托人带来的一束草和一个用栎树叶编织的花环。它们让他想起北布拉邦特黑土上的麦田、石楠和松林，想起过去所有那些美好的时光。

在写给父母的信中，凡·高说：“我的寓所多么令人满意。哦，美满富足的生活，哦，感谢上帝您的赠予！”

在写给提奥的信中，凡·高详细地叙述了搬家后的生活。

> 我对现在住的新宿舍相当满意，出外散步是常有的事。
>
> 附近很幽静，我的心情极佳……
>
> 周末，我跟两位美国朋友一起在泰晤士河上划船，风景优美极了。
>
> 对于绘画……你应该尽可能地到美术馆去观摩鉴赏。

此外，你要经常散步，以培养热爱大自然的情怀。因为这是进一步理解艺术的方法……

凡·高的这些转变让提奥很吃惊，但是从以后的来信中，他很快就明白了原因：原来哥哥爱上了房东的女儿尤金妮亚。是爱情让那个曾经腼腆、孤僻的小伙子变得开朗、热爱生活起来。

爱情的力量是伟大的，它对凡·高进行了彻头彻尾的改变。

在仪表上，他不再是那个对一切毫不在乎的荷兰小伙子。他现在每天都会进行刮脸仪式——从右腮，直抵那丰厚嘴唇的右嘴角；接下来是鼻子下面、嘴唇上面的右半边；然后就轮到左边；最后，仪式在下巴处收尾。他的下巴，简直就是一大块有热度的圆形花岗岩。

在着装上，他头上戴着一顶正式的礼帽，身上穿一件硬挺的低领白衬衫，系上一条黑色花点活结领带，脚底上是一双擦得锃亮的黑色皮鞋。

除了对外表进行精心的打扮外，凡·高在工作中也注入了十二分的热情，他在古比尔特伦敦分公司的画片销量是第一位的，平均每天能够销售 50 张画片。作为奖励，公司在短短两个月内就给他加了两次薪，文森特的薪水现在已经涨到了 5 英镑。

公司的同事们都非常羡慕地说："瞧，那个红头发的小伙子，他干得多棒！我相信有朝一日，他就是凡·高家族的继承者，要掌管几乎整个欧洲大陆的艺术了。"

所有的一切都是那么的美好，凡·高觉得自己简直就是生活在天堂里。

不知不觉到了圣诞节，在这个重大的节日里，凡·高选择了留在伦敦，陪尤金妮亚一起度过，他实在是舍不得和尤金妮亚分开，哪怕只是短短的几天。

凡·高在心中默默地说："亲爱的爸爸妈妈，原谅儿子不能陪伴你们一起度过圣诞节，但是明年的圣诞节，我一定会带上我心爱的尤金妮亚一起回去……"

虽然凡·高信誓旦旦地对自己承诺，明年要带尤金妮亚一起回家，但是他到现在还没有向尤金妮亚进行表白。

这是凡·高的第一次恋爱，在这之前别说是爱上哪位姑娘，简直就连正眼瞧她们一眼也没有过。这次的恋爱对凡·高来说是神圣的，是至高无上的，他不知道用什么语言才能够表达出这种真挚的情感。

就这样一晃半年过去了，按照公司的惯例，每年 7 月，公司会给每位员工半个月的假期，凡·高想利用假期回家看看。在回家的前夕，凡·高下定决心要对尤金妮亚表白，因为他实在舍不得离开尤金妮亚，想在表白后，带着她一起回家乡。

下定决心后的凡·高简直度日如年，他不知道如何开口，可是又必须开口。他每天对着镜子反复练习，可是一听到尤金妮亚的笑声，看见她的笑脸，他的话就再也说不出口了。

眼看着离回家的日程就差两天了，凡·高强迫自己今天必须表白。吃完晚饭后，他邀请尤金妮亚一同赏月，尤金妮亚答应了。

两个人坐在屋外的石凳上看着天上的月亮，尤金妮亚问道："文森特，你后天就要走了吗？"

"是的，后天就走。"凡·高心不在焉地回答着。

"你走后，就看不见你了，那些花就只有我一个人照料了。"

听着尤金妮亚娇嗔的话语，看着她那迷人的脸庞，凡·高再也控制不住自己了，他突然扭过脸，紧紧地抓住尤金妮亚的手，说道："尤金妮亚，和我一起回家吧，这样你就不会看不见我了，而我也不会因为想你而不快乐了。”

尤金妮亚被这突如其来的举动吓了一跳，她使劲挣脱了凡·高的双手，说道：“为什么要和你回家？我还有好多的事情要做，还要陪妈妈呢！”

“因为我爱你啊，难道这个理由还不够充分吗？你妈妈，哦，这个你不用担心，我们结婚后，我会好好地照顾她的。”凡·高激动地说。

听了这话，尤金妮亚“噌”地从凳子上站了起来，她瞪大了眼睛，目不转睛地瞪着凡·高，她感到一阵莫名其妙。

“你爱我？结婚？这都是什么啊？”

“我爱你，难道你没感觉到吗？和我结婚吧，我会给你幸福的！”

“不行，那怎么成呢？我已经订婚了，我以为你已经知道……”

一听到尤金妮亚说自己已经订婚了，凡·高有点控制不住自己的情绪，粗暴地问道：“对方是谁？”

“在你还没来以前的一位房客，你住的那间屋子原来就是他住的，难道你没见过他吗？”

“这怎么可能？自从我住到这里以后，我还没看见有人来看过你，你是在骗我，是不是？你是不是不相信我的诚意？”

现在的凡·高有些失控了，他粗暴地一把把尤金妮亚搂了过来，在她那抗拒的唇上粗鲁地吻着，潜伏在他心中的强烈的爱彻底地醒来了。

“尤金妮亚，你爱的人是我，不是他。你是我的妻子，没有你我会受不了的。忘掉他和我结婚吧！”

尤金妮亚使劲地推开了凡·高，向屋中跑去，一边跑一边喊：“你是个红头发的疯子！我再也不想看见你了！”

那声音在凡·高的耳边久久地回荡，震撼着他的心灵，“我是个疯子，我是个疯子。天啊，我都干了些什么！”

第二天，凡·高早早地就起来了，想为昨天的事情向尤金妮亚道歉，可是尤金妮亚总是见到他就躲开，就连洛瓦埃夫人看他的眼神也变了。

晚饭的时候，洛瓦埃夫人对凡·高说：“你明天是不是就要回家乡了？”

“是的。”凡·高一边回答，一边用眼角扫着尤金妮亚。可是尤金妮亚低着头在那里吃饭，一点反应也没有。

洛瓦埃夫人接着说：“既然你明天就要走了，那么请你把你的行李一起带走吧，那间房子我们不准备再租给你了。”

“我们？”凡·高对这个字眼非常敏感，他忙问了一句：“是您和尤金妮亚两个人的意思？”

“是的。过几天尤金妮亚的未婚夫就要来了，我们不希望他来的时候有个陌生人在家里。”

“未婚夫？陌生人？”凡·高喃喃自语着，洛瓦埃夫人的这句话彻底地浇灭了他心中的希望，“原来尤金妮亚说的一切都是真的。”

第二天，凡·高起程回荷兰，临走之时，他连尤金妮亚的影子都没有看见。他的心中充满了绝望。

当凡·高回到家中，亲人们惊讶地发现他完全变了。黯淡的眼神，消瘦的脸颊，紧闭的嘴唇——信上所说的幸福跑到哪儿去了呢？

亲人们急于想知道到底发生了什么事情，可是每当他们提出问题，凡·高总是缄口不语，望着半空发呆。整个假期他几乎什么也没做，几乎也没有给提奥写信，只是当后者来信询问回程行期时，才写了短短几行字作答。

父母看见凡·高这种情况非常着急，他们不知道用什么办法才能够帮助凡·高摆脱这种忧郁的心境。他们绞尽脑汁，最后终于想出了一个办法，那就是绘画，也许绘画能够帮助这个孩子摆脱困境。

当泰奥多鲁斯把画笔和纸摆在凡·高的眼前时，凡·高终于放弃了整日的发呆，拿起了笔，把眼睛投向了外边的世界。

凡·高在假期中埋头画出了许多习作。在这些习作里，似乎混杂着对自己家庭久别之后的深厚感情，以及对远方伦敦那曾经是“非常快乐的家庭”的忧伤眷念。

靠着这些画，凡·高度过了一个令他企盼又令他伤感的假期。

尊重艺术

凡·高回到伦敦，租住在肯辛顿新路的一个小个子老妇人家里。这里离尤金妮亚的家有一段距离，可是每天晚上凡·高都会不由自主地来到尤金妮亚的家门口，渴望能看见她，哪怕只是远远地看见一个背影也行。但是，凡·高的这个愿望始终也没能实现。

因为失恋的打击，凡·高对工作的热忱消失了，他对顾客的态度不再是温文尔雅，而变得粗鲁暴躁，他的营业额由此开始直线下滑。同事们眼中的那个凡·高家族的继承人，变成了一个拖大家后腿的落后分子。

鉴于这种情况，文森特伯父建议把凡·高调到巴黎总部，以期望他度过这段恼人的时光，能够重新开始。

但巴黎的日子依然很糟，由于连看见尤金妮亚的希望都没有了，凡·高变得更加消极，他甚至连绘画的爱好都中止了，而转为阅读大量的书籍。

在这些书中，最吸引他的是乔治·艾略特的《亚当·比德》。

书中的主人公是木匠亚当·比德，他爱上了美丽的农家姑娘海蒂。海蒂虽然容颜姣美，但个性虚荣，而且由于太年轻对世事总存有不适当的想象，痴情于庄园主的孙子——年轻的上尉亚瑟，在她简单的头脑里亚瑟等于漂亮衣服、金银首饰。

亚瑟年轻英俊，他喜欢海蒂，就像大家都喜欢美的东西的那种心理。他有知识，有善良的心，理性地判断出他和海蒂之间是不会有结果的。但这两个年轻人还是越轨了。

亚瑟回军队的前一天，他准备向海蒂澄清一切，但不小心被亚当撞见他们在接吻。

亚瑟离家后，海蒂忍受不了再重复以前单调的生活，仅仅是希望要一点儿变化，草率地答应与亚当订婚。不久，海蒂发现已经怀有身孕，她想死又没勇气，不得已背着家里人只身去找亚瑟，而此时婚期将至。

更惨的是她没能如愿找到亚瑟就在途中分娩。她怀着复杂的心情把婴儿丢弃在一个树林中，因而以谋杀婴儿罪判处绞刑……

直到此时亚当对海蒂仍然保持着忠诚。

小说中那种无望的爱情与感人的忠诚，纠结难分的气氛，显然与凡·高当时的心境十分投合。他被书中的主人公所感动，同时也将他树立为自己的榜样，试图重圆旧梦。

怀着对尤金妮亚的强烈思念，凡·高请求伯父将他调回伦敦分公司，并保证自己会像以前一样努力。

文森特伯父低估了失恋的力量，同意了凡·高的请求，不久凡·高又回到了伦敦。

虽然，又和尤金妮亚在一个城市中了，但是凡·高心中的梦还是没能得到实现，尤金妮亚又一次拒绝了他。

在愁闷抑郁的光阴中，凡·高对两份插图刊物《图文》和《伦敦图片新闻》越来越有了感情。

这是两份面向并且同情劳动阶层的刊物，其宗旨是要唤醒公众的社会良心，让他们对不公正的社会现象有所关注：在这个工业帝国的世界之都，在它的繁荣和文明背后，存在着各种各样的贫穷、不幸、丑陋和罪恶。

这些现象在过去，在饱满的精神状态下，尤其在对尤金妮亚的幸福情感中，都被凡·高压抑到无意识中去了，此刻它们重新被唤起了。

凡·高自问："和那些苦难的人们相比，你拥有体面的工作，充足的粮食，爱你的家人，你是多么的幸福！为什么你还是不满足，还是要去追求什么爱情，而这爱情仅仅是你单方面的暗恋而已，如果你再为此消沉，那么你就去那些贫民窟看看，去体验一下那饥寒交迫的日子，到时候，你的生命中就全是快乐了。"凡·高的心态不知不觉中发生了变化，他对工作的热忱不再是以卖出画片为主了。

这天来了一个满身珠光宝气的胖妇人，到店中购买画片。

她趾高气扬地说："你把店里最好的画给我看看！不论价钱如何只要能配得上我新买的房子就行。"

凡·高立刻搬出许多名家的杰作，有伦勃朗的、有马里斯的、有杜比尼的、有柯罗的等，同时他还从旁解说各幅作品的优点。

不料，这位妇人很不耐烦地看了看这些画后，说道："这哪里是好画啊，你分明是糊弄我！别看我是个妇人，但是我也是懂艺术的，你小小年纪竟然还想骗我，休想！"

说完，她背着手开始自己挑选。

面对那妇人的蛮横，凡·高忍了又忍，跟在她的身后，小心地陪着她挑画。

那妇人一边挑画，一边对它们品头论足："这是什么烂画啊！你看看，这人连脸都看不清楚，还敢标这么高的价钱，你们公司简直太坑人了。啧啧，竟然敢把裸体的画放在这么显眼的地方卖，真是伤风败俗啊！"

听着这些不着边际的胡乱批评，凡·高的肺简直就要气炸了，可是他还是忍耐着。

过了好一阵子，那妇人终于挑出几幅画来。这几幅都是很拙劣的临摹作品，上面花花绿绿的，稍微有一点艺术修养的人都不会去买它们的。

那愚蠢的妇人，将画甩给凡·高，说道："乡巴佬，给我包起来。你给我记好了，别总是欺负女人，我们女人中也是有懂艺术的。幸亏今天我亲自来了，否则不知道要被你们骗去多少钱呢！"

凡·高实在是忍无可忍，他说："夫人，我从来也没有认为女人不懂艺术，正相反，我认为女人是有灵感的，她们的艺术细胞比男人要丰富，但是您并不在这个范围内。您别用女人这个名词，玷污了所有女人的智慧。"

听了这些话，那个妇人气得暴跳如雷，她把画往地上一扔，又哭又闹。

所有的人都围了过来，经理也走了过来，看到这种情况，不由分说，就让凡·高向那名妇人道歉。

凡·高倔强地摇摇头："我没错，我不道歉，我说的都是实话。"

经理非常生气，说："你把顾客惹生气了，就要道歉。顾客是上帝，难道你忘记了吗？"

凡·高毫不示弱地说："上帝是明理的，是对艺术品和它们的作者都会给予尊重的。上帝不会因为有钱，而胡乱作为的。"

经理狠狠瞪了一眼凡·高，威胁道："你快点道歉，否则就解雇你。"

这时，凡·高反而平静了，他说道："如果仅仅因为她是我们的顾客的话，我可以向她道歉，但是她不仅是我们的顾客，而且是对艺术进行亵渎的人，对这样的人，我是绝不会道歉的。就因为她有钱，她就能对艺术这么不尊重吗？把钱花在一些她根本不会欣赏的画上面，倒不如把钱分给那些穷人，反而显得高尚。"

说到这里，凡·高对那妇人说了一句："我劝您还是走吧，别玷污了艺术。"

对于这样的雇员，古比尔特公司是无论如何也不能再雇用了，而对凡·高来说，离开那里也是一种解脱，他终于能够说出自己最真实的想法，表达自己最真切的情感了。

凡·高走出古比尔特公司的大门，看着伦敦今天格外明亮的天空，对自己说："小伙儿，加油！明天会更美好！"

宁愿委屈自己

失业后的凡·高回到了荷兰的家中，他本以为父母会责怪他，可事实是，父母一如既往地关心他、爱护他，不仅没有责怪他的意思，反而劝慰道："我亲爱的孩子，你的选择是对的，干你不喜欢的工作，还不如不干，我们相信你的抉择。"

面对如此宽厚、慈爱的父母，凡·高觉得自己必须马上找到一份工作，只有这样父母才能够不再为他操心。

接下来的日子，凡·高都在努力地找工作。这一天，他在一份英国的报纸上看见一则招聘广告，那是一位叫史脱库斯的牧师在拉姆司盖特办了一所小学，现在急需一位住校教师，主要教授法文、德文、荷兰文。那里环境优美，待遇优厚。

看见这则广告，凡·高高兴地想："这简直就是为我量身定做的职位，真是天无绝人之路啊！"

他一边想，一边给史脱库斯牧师写了封求职信，在信中，凡·高介绍了自己的简历，并注明自己能够讲流利的法语，擅长德语，至于荷兰语，那是自己的母语，就更不用说了。

信发出没多久，史脱库斯牧师就回信了，说同意雇用凡·高，并要求他马上报到。

凡·高准备了简单的行李，告别家人又一次登上了去往英国的火车。在写给提奥的信中，凡·高是这样述说此次的行程的：

星期天的握别，使我终生难忘。早晨上教堂，爸爸在讲道，做完礼拜就是下午了，爸爸和小弟站在路旁，送我上车，我从窗子里看得非常清楚。最后呈现在我眼帘里的是荷兰教堂的尖塔顶。

次日清晨，我从哈李吉搭车前往伦敦，在火车上观赏天亮前的曙光，真是美极了！黑色的麦田、绿油油的牧场，到处是花丛草木，还有许多巨大的树冠。

拂晓的天空中，点缀着几颗发着微光的星星，地平线上看得见灰色的云彩，在晨曦绽现的前一刻，可以听到云雀一阵阵的叫声。

抵达伦敦两小时后，我又搭汽车前往拉姆司盖特。此次旅行，还需4个半小时。可是，我的心情并不畅快，地面上杂草丛生，一路上到处可见长满树木的丘陵，这些景色类似故乡的沙丘，真是令人怀念。

途中经过肯塔贝利市，街道上古木参天，庄严的大寺院随处可见，有关这里景色的绘画，我经常在美术馆里见到。

下午1点到达史脱库斯牧师的家，广场上是大片草地；房屋在广场的中央；广场周围有铁栏杆，栏杆上积满灰尘。这里只有24位10岁至14岁的儿童，不算是一所大的学校。从餐厅可以观望大海。

虽然这里的环境和广告上所说的相差甚远，但是看见孩子们那一双双对知识充满渴求的眼睛，凡·高还是决定留下来。

在接下来的日子里，凡·高发现这里的一切都糟糕透了。

首先是他的工作，起初在广告上只是说教法文、德文和荷兰文，而实际上除了这三门语言外，他还要负责教算术等课程。因为整个学校，只有他一名教课的教师和一名17岁的助理教师。

课程的增加还算其次，最令他头痛的是，这些学生的年龄和受教育的程度各不相同，这就要求他必须因材施教，针对不同的学生教授不同的内容，这无形中就将他的工作量增加了好几倍。

除了工作外，凡·高和那名助理教师还要负责这些学生的日常生活。

针对如此大的工作量，按理说应该发给很高的薪水，但是史脱库斯牧师却以提供食宿为由，拒绝支付薪水。

“这就是所谓的环境优美，条件优厚吗？”凡·高气呼呼地质问史脱库斯牧师。

史脱库斯牧师皮笑肉不笑地回答道：“你难道不知道现在的物价有多高吗？能够提供食宿的学校已经不多了，如果你不想干，还有好多人抢着干呢！”

“提供食宿？每天都是又黑又硬的粗面包，还有一盆子漂着几根菜叶的汤，这连猪都难以下咽的东西，就是你所谓的食物？还有住的地方，那只是一个小隔间而已，甚至可以说是你仓库中的一角而已。难道这些就能顶替我的薪水吗？”

史脱库斯牧师听了这话，恼羞成怒地说道：“文森特，你不要不知好歹，你能拥有这样的待遇已经是破格了，你前面的教师，住宿的问题还是自己解决的呢！留与不留，你随便吧！”

说完，他甩上门，走了出去。

凡·高呆立在原地，不知道如何是好，是走还是留呢？

正在凡·高犹豫的时候，他忽然听见有人在叫他：“文森特，请您过来一下。”

凡·高循着声音望了过去，原来是那名助教在轻轻地呼唤他。

“有事吗？”凡·高一边问，一边朝那助教走去。

助教怯生生地说道：“同学们拜托我，让我请求您留下。他们说从来也没遇见过像您这样好的老师，不仅课教得好，而且还在课余的时候带领他们到海滨玩，使他们大开眼界。他们还说，您是唯一一个会拿自己的钱，给他们买食物的老师，没有您，他们甚至连黄油是什么都不知道……”

那助教还在一一地转达着同学们的话，而凡·高的心绪早已经飘到了那群孩子们的身上。这些孩子都是穷苦人家的，他们的父母只有微薄的收入，有时连基本的温饱都无法保证，但是为了使自己的孩子能够摆脱这样的命运，他们还是节衣缩食，将他们送到学校。

凡·高觉得自己身上的担子好重，他现在不仅仅是这群孩子的老师，而且是他们家长的希望。

“如果我走了，学校还会再来老师的，但是那时的老师是不是会像我一样尽心尽责呢？如果他们只是为了混口饭吃，而糊弄了事，那么这些孩子将什么也学不到，那么他们父母的心血不就白费了吗？这些孩子的前途不就毁了吗？”

此时凡·高的心中都是那些可爱的孩子，他自己所有的困难都被抛在了一边。他对那名助教说：“走，和我一起，带孩子们去海边，今天我教大家用泥沙堆城堡。”

“可是，您还走吗？”助教在高兴之余，还没有忘记自己的使命。

“不走了，我要和你们在一起。”

听到凡·高肯定的回答，助教高兴地向教室跑去，一边跑一边喊：“好消息，好消息，文森特老师不走了！”

听到这个消息的教室传来了一阵阵的欢呼声。

凡·高笑了。

一颗真诚的心

凡·高在学校里的日子虽然很苦，但是他觉得能够和孩子们在一起，能够让他们增长知识，这一切还是值得的。

可这样的日子没过多久就结束了。

一天，史脱库斯牧师将凡·高叫到校长室，对他说：“文森特先生，我准备把学校迁到伦敦郊外的艾渥斯区，并趁此机会将学校规模扩展一番。你知道的，这些都需要钱。而恰巧，许多学生的学费还没有交上，我希望你能够帮我把学费收上来。这对于像你这样的一位优秀的、想改变教学条件的老师来说，是不成问题的，对吧?!”

史脱库斯牧师果真是交际场上的老手，简短的几句恭维的话，使得凡·高不得不答应帮他收缴学费。

当凡·高来到那些学生生活的地方，映入眼帘的是脏乱和贫穷，这里的房屋低矮倾斜，道路坑坑洼洼，垃圾四处摆放，苍蝇漫天飞舞……这是个有钱人连正眼看都不会看的地方。

当家长们得知，此次收缴学费的人是自己的孩子最喜欢和尊敬的凡·高老师时，大家纷纷使出浑身解数，将积欠的学费付清了。

当史脱库斯牧师看到桌子上那些油花花的、沾满污垢的小面值钱币时，大喜过望，他的眼睛闪着贪婪的目光，用那双肥腻的双手把那些钱揽到自己胸前，冲凡·高赞许道："文森特，你棒极了！"

这是凡·高第一次听到史脱库斯牧师的赞许声，可是他没有丝毫的愉悦之情，反而觉得自己的心沉甸甸的，好像做了什么坏事一样。

没过几天，史脱库斯牧师又让凡·高去收学费了。

这次远不如上次顺利。家长们异口同声地表示，自己的生活愈来愈苦，实在付不起学费。

有的家长们说："我们的家里一间房子住七八个人，大家只有一条被子，挤在一起睡觉。"

"家人生了病，也没钱去请医生。"

"请你看看吧！脏水、污浊的空气、窄巷子里的垃圾堆积如山……这不是地狱的生活吗？"

凡·高看到这种情形，一句话也说不出来，他空着双手回到了学校。刚到校门口，史脱库斯牧师就迎了出来，笑呵呵地问道："我亲爱的文森特，今天收获如何？"

"对不起，我今天一分钱也没有收到。"凡·高平静地回答道。

"什么？一分钱也没有收到？"史脱库斯牧师有些不敢相信自己的耳朵，又反问了一句。

"是的，一分钱也没有收到。"凡·高重复了一遍。

"你这个笨蛋、傻瓜，怎么连这点小事都办不好！"史脱库斯牧师勃然大怒。

凡·高把所见的情形一五一十地说了出来，可是史脱库斯牧师却不耐烦地打断了他的话："我不要听你说这些废话，我再问你最后一遍，钱收到了吗？"

"没有。"

“你个蠢货！你给我滚！滚得越远越好！”史脱库斯牧师气急败坏地嚷道。

就这样，凡·高第二次失业了。

在他离开学校的时候，送行的学生和家长都哭了。

那名助教拿了一个小小的红包，递给凡·高，说道：“文森特老师，这个红包是那些家长们的一点心意。他们托我转告您，实在对不起，如果知道是这样的结局，他们即使是不吃不喝也会把学费凑齐的。”

“这个红包里的钱，是他们的一点点心意，他们知道您到这里来一分钱也没赚着，反而为了帮他们的孩子改善伙食，将自己的积蓄都花光了。这些钱也许仅够买一张火车票，但是那是他们的一片心意，请您收下它。”

这些都是那些家长的血汗钱、救命钱。凡·高虽然非常需要它，但是却怎忍心收下它？

凡·高冲着送行的人群挥了挥手，说道：“谢谢大家了，你们的心意我心领了，但是钱我是万万不能收的。你们放心好了，我还有点积蓄，能够回去的……”

这场红包的“持续战”进行了将近一个小时才算结束，凡·高拒绝了红包，背起他的行李，和人们挥泪告别。

凡·高和大家挥手的姿势很潇洒，但是真正离开的时候，他还是有些犯难了。拉姆斯盖特虽说距离伦敦只有4个小时的火车行程，但是只靠步行，这段距离还是很遥远的。

“唉，就当是一次远足旅行吧！”凡·高一边安慰自己，一边吃力地向前走。

这时，正值6月，天气炎热，走了不一会儿，凡·高就已经是满头大汗了。可是他不能休息，他必须尽快赶到伦敦，只有那样他才能够在一些老朋友那里得到帮助并摆脱困境。

一个人的长途跋涉是既辛苦又乏味的，尤其在饥渴、疲惫的条件下，这种感觉更加强烈。

凡·高想起了小时候妈妈对他说的话："孩子，当你感到不高兴的时候，学着转移一下自己的目标，那样，你会在别的地方重新找到快乐。"

"对啊，我为什么总是想着那些不愉快的事情呢，为什么不能把目标转移一下呢？看吧，四周的景色是多么的美好，如果我是坐车，那么这一切都将是一扫而过，现在却能够长时间的，将它们看个仔细，这是一件多么令人激动的事情啊！"

怀着这样的想法，凡·高开始重新审视这段路程，他脚底的步伐仿佛轻快了许多。经过两天的跋涉，凡·高终于来到了伦敦的郊区，这时候他实在是坚持不住了，眼前一阵眩晕，摔倒在地。

一阵阵悠扬悦耳的祈祷声，将凡·高从昏迷的状态中唤醒，此时他的心灵一片纯净。

望着远处那庄严肃穆的教堂，凡·高默默地祈祷："仁慈的上帝，请您允许我做您最忠实的传播者吧，让我把福音传给那些困难的人民，让他们摆脱困难吧！"

怀着对上帝的信仰，凡·高迈开矫健的步伐，向伦敦市区走去。

不久，凡·高在艾罗斯找到了一份助理教师的工作。

这所学校的校长是令人尊敬的基督教公理会牧师斯莱德·琼斯。除了这所学校外，琼斯还主持两个教堂，并在其他几处教堂传教，其中包括位于里士满的循道会卫斯理教堂。

凡·高只负责教孩子们法语和德语，而且有微薄的薪水，这和史脱库斯牧师的学校相比简直就是天堂。

凡·高对这份工作十分地珍惜。他认真地准备课程教案，耐心地讲授课程，在课余时还给孩子们讲安徒生童话，跟他们一道做游戏。

这一切被琼斯看在眼里，记在心上，没过多久，他就对凡·高说："文森特，你的表现令我很满意，我决定减少你的课程，让你利用课余时间去访问郊区的居民，了解他们的生活，你有什么意见吗？"

听到这些话，凡·高喜形于色地说道："太好了，我没有任何问题。我有个小小的请求，您看可以吗？"

琼斯微笑地点点头。

"我想去访问艾尔沃斯和伦敦的贫民窟，您看怎么样？"

琼斯很好奇地打量了一下凡·高，说道："你真是个奇怪的小伙子，那里臭气熏天，大家躲都还来不及呢，你为什么主动要求去那里啊？"

"我觉得，穷人比富人更需要我们的帮助。"

听了凡·高的回答，琼斯赞许地点点头，说道："那好吧，去你想去的地方吧！愿你成功！"

对于凡·高的到来，贫民窟的人们起初很排斥，有的人说："又一个道貌岸然的主儿，到咱们这里来表达他们的同情与善心了。看吧，超不过3天，他一定会从这里'逃走'的。"

凡·高对大家的议论一点也不在乎，他认真地履行着自己的职责，和那些衣衫褴褛的人们亲切地交谈，一点都不嫌弃他们身上那股难闻的味道。

一天，两天，三天……转眼10天过去了，凡·高一如既往地来到这里，大家对他的排斥慢慢地变为了接纳。

每当凡·高从他们的家门口路过时，大家都会热情地邀请他进去歇歇，喝口白水，吃点干硬的面包皮，没有油星的菜汤以及已经变质的肉。当然了，这些对他们来说已经是最好的待客食物了。

凡·高的心被深深地震撼了：“上帝啊！您是不是看到了这场人间的惨剧，它就发生在您的身边，发生在这个被称为‘日不落’的帝国。”

对这些贫民窟中的人了解越来越深入，凡·高就越来越醉心于循道会的基本思想：强调自我拯救，坚持改革，面向社会劳苦大众。

当凡·高怀着深切的同情，将自己的见闻向琼斯讲述后，琼斯非常感动，遂安排他参与循道会教堂的周一布道会，让他先习惯在公共场合讲话，为进一步独立传教打下基础。

在周一的布道会上，凡·高的表现缺乏力度，而且还显得有些神经质。

善良而心胸开阔的琼斯并没有不满意，他对凡·高说：“加油孩子，你一定能够学会处理有关的问题，成为一名优秀的传教士的。”

凡·高听了这话大受鼓舞，除了日常的工作和访问外，他开始做“传教笔记”，仔细研究有关文献。

琼斯看到凡·高这么努力，感到很欣慰，经常对他进行点拨，并在11月初，为凡·高安排了生平的第一次传教。

在进行了充分准备之后，他们在一个星期日早晨来到里士满的卫斯理教堂。在琼斯主持下，凡·高经历了那个他自称是终生难忘的时刻。

那是一个星期日，凡·高和琼斯沿着泰晤士河走向了里士满。一路上凡·高的心情都是愉悦而紧张的，他一会儿看看明净的蓝天，一会儿看看路旁高大的栗子树，一会儿又傻呵呵地笑几声……

到了里士满教堂的前面，凡·高环顾四周，只见教堂庄严雄伟，屹立在山上，山下是灰色的长桥和两岸高高的桥桩，桥上过往的行人就像小小的黑点。

当凡·高登上讲坛，他觉得自己就像从黑暗的地下洞穴出来的某个人，又回到友好善意的天光中，一道幸福快乐的念头从心中升起：

“无论我将来走到哪里，我都要传播福音，要传播好福音，一个人必须把福音放在心里。愿上帝赐予我这种能力。”

凡·高宣讲的是《圣经·新篇》第一一九章第十九节“我寄居世间如客旅，求你不要向我隐瞒你的诫命”。

凡·高用他的满腔热情讲道：

我们的一生是朝圣者的一生。我曾看到一幅非常美丽的画作：

那是一片傍晚的风景。画面右前方是一排小山，在傍晚的雾气中隐隐发蓝。在这些小山之上是壮丽的落日，是镶着银色、金色和紫色边缘的灰色云团。

画面上的风景是一片平原或长着石楠的原野，覆盖着草和黄叶，因为那是秋天。一条路穿过画面上的风景，通向很远、很远的一座高山，山顶上是一座城市，沐浴在落日的光辉中。

在这条路上走着一位朝圣者，手里拎着行头。他已经走了很长的路，已经非常疲倦。

就在这时他遇见了一位女子，一位黑衣女子，她令人想起圣保罗的话：“永远悲伤，又永远欢乐。”那是上帝的天使，她站在那儿，为了给朝圣的人们以鼓舞，回答他们提出的问题。

于是这位朝圣者问道：“这条路一直通向山顶吗？”

回答是：“是，一直到尽头。”

他再次问道："要用生命般漫长的一天才能走完它吗？"

回答是："是的，从早晨到晚上，我的朋友。"

于是朝圣者悲伤而又始终欢乐地继续上路了。

悲伤是因为，他要到的地方是那么远，路又是那么长。欢乐和希望则在于，在他眼里，那天国之城在落日的光芒中灿烂辉煌……

凡·高本是一个不善言辞的人，可是这次的宣讲，他将生活之爱、自然之爱和文学之爱美好地升华、凝聚、融汇成饱满而生动的宗教之爱，给人以强烈的感染。

宣讲结束后，那些喜欢吹毛求疵的教徒们，给予了热烈的掌声。

此时的凡·高泪眼蒙眬，他在心灵上得到了一次洗礼，一次升华，一种新生的喜悦之情滋润着肺腑，流遍了全身。

凡·高在给提奥的信中，写出了他此时的真实感受：

每天都有每天的罪恶，每天都有每天的善行，事实确实如此。如果不靠信仰来加强自己的生存能力，那么生活将变得无比困难。

我决定把自己奉献给上帝的事业，有了上帝的祝福和帮助，我们才能克服生活的艰难。我希望自己能够成为一名伦敦贫民区的福音传教士，让忍受困难的人们在精神上得到帮助。

提奥，如果我不宣传福音，灾祸与我同在；如果我不矢志宣传福音，信仰基督并对基督怀有期望，那么，我的情况将会更糟。不过，现在我已经有些勇气。

正当凡·高为自己的未来满怀信心地进行设计的时候，琼斯告诉了他一个非常让人失望的消息。

“我亲爱的孩子，我非常欣赏你的才能，也非常认同你会成为一名极为出色的福音传教士，但是，在英国，最近对福音传教士的年龄进行了新的规定，即未满 25 岁者不能成为福音传教士。我亲爱的孩子，我为这件事情感到非常抱歉，但是无能为力……”

凡·高的理想破灭了，他感到十分的沮丧，但是这样的消沉仅持续了一天，凡·高决定回到家乡荷兰去，那里没有这么多的禁令，那里会有让他发挥的空间。第二天，凡·高收拾行装，离开了这座曾经令他痴狂的城市，奔上了新的征程。

努力苦读

在凡·高的家人中，除了他的父亲泰奥多鲁斯是一位牧师外，还有他的姨父斯特里克，也是一名牧师，而且是阿姆斯特丹鼎鼎有名的牧师。

凡·高回到家中，向泰奥多鲁斯讲了自己在英国的遭遇，当讲到在伦敦曾经成功传教，但是由于年龄原因而没能成为福音传教士时，泰奥多鲁斯安慰凡·高道："我亲爱的孩子，那不是你的过错，如果你愿意，你可以去阿姆斯特丹找斯特里克姨父，听听他的意见。而且你的叔叔约翰内斯也在那里，他们都会给你很好的照顾的。"

凡·高感激地看了看父亲，非常抱歉地说："爸爸，我今年都24岁了，可还是一事无成，处处让您操心，我感到非常抱歉。"

泰奥多鲁斯爱抚地拍了拍凡·高的手，说道："儿子，不管你多大，你始终是我的孩子，这个事实永远也无法改变，所以千万不要对我说抱歉，记住，你永远都是我的骄傲。"

多么善解人意，又充满慈爱的父亲啊，凡·高感到一股热流在心中流淌。

约翰内斯叔叔的那座宽敞的官邸，坐落在海军造船厂的后面。

此刻，约翰内斯正站在门廊前，等待侄子凡·高的到来。为了表示对侄子的欢迎，他今天还特意穿上了漂亮的礼服，佩戴着金色的肩章。

“欢迎你，文森特!”看见凡·高缓缓走来，约翰内斯伸出强壮的双臂给他来了个热情拥抱。

“文森特，你的父母还好吗?”约翰内斯关心地问道。

“他们都很好，约翰内斯叔叔，他们委托我向您问好，并希望您身体健康，官运亨通。”

听了这些话，约翰内斯开心地笑了。

他把凡·高带进屋中，指着楼上的一个房间，说道：“文森特，你就住在那个房间吧，硕大的一栋房子只有我和你两个人，加上一些佣人，我相信你会过得很愉快的。”

凡·高礼貌地表示了一下感谢。

约翰内斯接着说道：“你父亲来信向我说，你想做一名福音传教者?”

“是的，约翰内斯叔叔。”

“文森特，咱们家族祖祖辈辈都是当牧师的，到我们这辈由于这种或者那种原因，只有你父亲一个人继承了家族的传统。听说你有当传教士的想法，我非常高兴，我相信你会成为我们凡·高家族的骄傲的，我们都会给予你最大的帮助。”

约翰内斯顿了顿，接着说：“但是，凡·高家族出来的牧师都是大学毕业的，所以你也绝不能例外。你今年已经20多岁了吧，虽然这个年纪上大学是晚了点，但是我们凡·高家族的人是不会退缩的，你一定会考上大学，并圆满完成学业的，是吗?”

此时，凡·高的家族自豪感在胸中膨胀着，他毫不犹豫地回答道：“约翰内斯叔叔，您放心，我一定会考上神学院，将来成为一名出色的牧师。”

看见凡·高信誓旦旦的样子，约翰内斯满意地点点头，然后温和地说：“现在，你把行李放进自己的房间中，顺便休息一下，咱们晚上 8 点准时开饭。”

到了楼上的房间，凡·高觉得这里虽然豪华，但是却显得非常清冷。他用手摸了摸那些硬木制成的豪华家具，那宽大并舒适的床，光滑的书桌，还有那高大的衣柜，不禁自问道：“约翰内斯叔叔的家这么漂亮、豪华，可是我却感觉不到他的开心；我的父母虽然贫穷，但却洋溢着快乐和幸福，这是为什么呢？”

怀着这样的疑问，凡·高迷迷糊糊地睡着了。

当他睁开眼时，外面的天色已经暗了下来。凡·高盯着天花板，一动不动地躺在床上，脑子却在飞快地旋转着，“不行，我一定要让这个房间换个模样，否则我会窒息的。”

想到这里，凡·高一骨碌爬了起来，打开自己的行李箱，从里面翻出几张《圣经》中的画像来，这些有的是靠他节衣缩食省下来的钱买的，有的是他自己临摹的。

凡·高小心翼翼地把这些画钉到墙上，一边钉一边说道：“上帝和我同在。”

这时，一阵敲门声传来，斯特里克牧师走了进来。他看见凡·高的举动，非常高兴，说道：“文森特，你的虔诚会感动上帝的。”

听到斯特里克牧师的夸奖，凡·高有些不好意思，他急忙放下手中的活，邀请斯特里克牧师坐下。

一阵寒暄后，斯特里克牧师说道：“我已经聘请了曼德斯·德科斯塔做你的拉丁文和希腊文的教师，他虽然只比你大 6 岁，却是这里精通古典语言的最优秀的学者之一，能聘请他是很不容易的事情，你一定要把握住这次机会啊！”

凡·高非常感动，暗想："亲情，亲情是一种多么伟大的力量啊，这么多人无私地帮助我，我一定要努力学习。"

第二天，凡·高在斯特里克牧师的带领下，来到了位于市中心的德科斯塔的家。

初次见面，凡·高显得有些腼腆，不爱说话。虽然德科斯塔只比他大6岁，但是明显比他成熟多了。他像个大哥哥一样地和凡·高攀谈，还时不时地插入一个小笑话，凡·高的紧张情绪在一阵欢笑中一扫而空。

斯特里克牧师看到这种情况，放心地点点头，在临别之时叮嘱凡·高，"星期天的时候，记得到我家共进正餐，你的威廉明娜姨妈和凯表姐，都盼着见到你呢！"

"这真是愉快的一天，"凡·高从德科斯塔处回来时，脚步变得格外轻松，"这里有无私帮助我的家人，有知识渊博并且和蔼可亲的朋友老师，有美好未来的时刻憧憬，这一切真的太完美了。"

心情影响着感官，当凡·高来到约翰内斯叔叔的家门外时，他惊喜地发现，这里的景色真的太美了。

一条弯曲的小路从不远处的造船厂蜿蜒而来，小路旁边长满了又高又密的白杨树，苗条的树干上纤细的枝条向上伸展，使变得灰暗的天空多了一丝生机。小路旁边有一个小小的池塘，池塘旁边又有一个小小的花园，花园中长满了暗红色的玫瑰花。

"这么美的景色我要提奥和我一起分享。"想到这里，凡·高快步进了屋，跑上楼，拿出纸和笔，就画了起来……

凡·高是个做事情非常认真的人，为了能够考上神学院，他给自己设立了严格的作息时间。

早上5点准时起床，5点15分开始诵读《圣经》。

8点吃早饭，8点15分开始读书学习，一直到吃午饭前。

吃完午饭步行去德科斯塔处，学习 7 小时的希腊文和拉丁文，以及荷兰历史和荷兰语文。

等到凡·高拖着疲惫的身体回到家的时候，约翰内斯叔叔往往都已经入睡了，可这时才是真正属于凡·高的一天的开始。

凡·高放下满脑子的希腊文、拉丁文，开始干自己喜欢的事情。

他有时翻译《圣经》，他的目标是把《圣经》平行翻译成法、德、英、荷 4 种语言。

他有时读读书，读米什莱的《人》、肯皮斯的《仿效基督》和另一位宗教作家司布真的《小犹太人》。他读书的目的很明确，不是为了消遣，而是为了解决人生问题。

他有时画画素描，把一天中感触最深的景象画出来，然后寄给提奥，和他一起分享。

一天 24 小时是固定不变的，凡·高为了能够多挤出点时间用来学习或从事自己喜爱的事情，他把睡眠的时间压缩再压缩，每天只睡四五个小时。

这样的生活常常使凡·高身体上感到疲惫不堪，他有时也想退缩，心里却做着激烈的斗争。

“不要学习那么长的时间了，可是不学怎么能考上神学院呢？不考上神学院，那些爱自己的家人们又会是多么的失望啊！要不就不再进行翻译，或是读书、画画，可是那些都是我最钟爱的事情，放弃了它们，不和放弃了自己一样吗？”

凡·高左思右想，最后还是决定一切照旧，他安慰自己，“文森特，坚持，坚持就是胜利，等你考上了神学院，一切都会好的。”

可是如此辛苦地生活，真的能够带给凡·高成功吗？

处处都有画

星期天，凡·高应斯特里克牧师的邀请，前往他家做客。

一路上，凡·高都在想他昨晚做的那个梦。那个梦像是个连续剧，他先是坐在灯前不知疲倦地苦读，接着一下子就跃到了他考上神学院后每天昏昏沉沉地坐在教室里读书。在梦中时间一晃就过去了，转眼，他大学毕业，穿上了考究的衣服，在华丽的教堂里，为那些富有的人们布道讲演。

那是个盛大的场面，教堂里坐满了人，大家都怀着殷切的目光等待着他——文森特·凡·高的到来，他的家人坐在教堂最前面的位置，脸上充满了骄傲的微笑。

正当一切在美好中进行时，突然教堂外涌进了一群穿着破烂衣服的人，他们一边往教堂里冲，一边高喊："上帝啊，请把你的恩泽赐予我们这些穷苦的人吧！"

随着一阵的骚动，凡·高从梦中惊醒，醒后他再也无法入睡，眼前总是晃动着那些充满了哀求的呆滞的目光。

"日有所思，夜有所梦，整个梦境和我的现实是那么的相吻合，我现在所做的一切，不都是为了像梦中一样发展吗？可是为什么在整个过程中，我没有丝毫的快乐？最后那些涌进的人，又代表了什么？为什么他们会给我那么大的震撼呢？”凡·高一路上围绕着这些问题想了又想，可是却始终找不到答案。

不知不觉中已经到了离斯特里克牧师家不远的地方，凡·高调整了一下情绪，想以最好的精神面貌来面对威廉明娜姨妈和凯表姐。

正当凡·高准备敲门的时候，门“吱”的一声开了，一阵银铃般的笑声传来，接着是一个甜美清脆的声音说道：“妈妈，你看，我猜得不错吧，我说文森特表弟来了，果真是他吧！”

话音刚落。凡·高眼前出现了一个身材修长、体态轻盈的姑娘，她热情地对凡·高打了个招呼：“嗨，文森特表弟，我是凯，你的表姐。”

凡·高被这突如其来的热情吓了一跳，他本能地低下头，脸红得像个熟透了的西红柿，他小声地说：“你好，凯表姐，我是文森特。”

凯看见凡·高害羞的模样，笑得更厉害了。

这时，威廉明娜姨妈走了过来，拉住凡·高的手，亲切地说道：“文森特，欢迎你的到来。别理会你这个表姐，她被我宠坏了，你千万别在意。”

凡·高的脸更红了，心里暗想：“我怎么会介意呢？如此活泼开朗的表姐我喜欢还来不及呢！”

正在凡·高胡思乱想的时候，一个文质彬彬的男人拉着一个小男孩走了过来，凯看到他们，迎了上去，挽住那个男人的胳膊介绍道：“沃斯，这是我的表弟文森特。”

沃斯礼貌而又大方地伸出手，说：“你好，文森特，我是凯的丈夫，叫我沃斯好了。”

凡·高的心猛地收紧了，像被针刺了一下，他强打精神地和沃斯握了握手。“天啊，我这是怎么了？难道我是嫉妒了吗？嫉妒这个幸福的一家？”凡·高猛地甩了一下头，想把这个荒唐的想法甩开。

吃过午饭后，凡·高起身准备告辞，沃斯说道：“文森特，你先等一下，一会儿我也要出去，可以顺路送你一程。”

凡·高刚要谢绝，只听凯附和道：“是啊，文森特，我们之间关于伦勃朗的探讨还没结束呢，你就等沃斯一起走吧！”

听凯这么一说，凡·高点点头，又重新回到了座位上。

凯问道：“文森特，你平时喜欢看书吗？”

凡·高点点头：“读《圣经》是我每天必做的功课。”

“你那么信奉上帝，将来一定能够做一名好牧师的。你读过奥古斯特·古鲁森的《十字军史》吗？我现在每晚都在读它。”

“哦，那本书简直可以说是以赛·马里斯的情感写的。”

凯笑着说：“你的说法真有意思，为什么这么说呢？”

凡·高有些腼腆地回答道：“在这本书中，让我联想到很多马里斯的油画。我记得有一处是描写一座屹立于山顶之上的古堡，在朦胧中隐隐呈现出秋日的丛林，前景是一片黑色的原野，一个农夫赶着一匹白马在耕地。”

凯用一种新的眼光重新审视了一下凡·高，只见他谈到绘画时，整个脸完全变了样，显得神采焕发，热情洋溢。“如果不是我早就知道，你是个正准备上神学院的家伙，那么我一定会认为你是个画家。”凯兴奋地表述着听到凡·高的见解后的想法，“快告诉我你是怎么看到这些的，看过这本书的人很多，但是只有你这种看法的，我却是头一次遇到。”

“怎么看到的？”凡·高被这个问题给难住了，他想了好一会儿，才说：“用心看到的，在我看书的时候，或是走路看风景时，往往能够想到一些这样的画面。”

“这就是灵感!”凯高兴得像个孩子，“原来我亲爱的表弟竟然是个伟大的艺术家啊!”

兴奋过后，凯有些惋惜地小声说道:“真难以想象，你以后要去做呆板乏味的牧师。”

“文森特，我忙完了。咱们上路吧!”沃斯打断了凡·高和凯之间的对话，冲凡·高招了招手。

这次的拜访对凡·高来说，不仅认识了一个善良、可爱的表姐，而且对自己选择上神学院的做法产生了怀疑。

放弃没兴趣的学习

凡·高在德科斯塔处已经学习一年的时间了，可是由于他的底子太差再加上年龄的原因，他的成效并不大。随着时间的推移，凡·高感觉自己的状态越来越差，每当他盯着拉丁课本或是希腊课本时，他的脑子往往是一片空白，不仅学不进去，而且以前学的好像也一点一点地被抽光了。

为了解决这恼人的状况，凡·高把所有的时间都用在了学习上，看书、绘画等爱好都被抛在了一边，但是状况并没有得到明显的扭转。

这天早上，约翰内斯叔叔看着凡·高熬得通红的眼睛，问道："文森特，昨晚我很晚回来，发现你房间的灯还亮着，你一般学习到几点才去睡啊？"

"我每天差不多都是一两点就去睡。"

"天啊，怎么睡得那么晚！你再这样下去，你的身体会垮掉的，到时候即使你的成绩是第一名也是无济于事的。"

"是，约翰内斯叔叔，我知道了，我会改正的。"

凡·高说完，擦了擦嘴，起身站了起来，说："约翰内斯叔叔，我吃完了，我要回房间继续看书了。”

下午，凡·高准时向德科斯塔家走去。凡·高一边走一边给自己打气：“文森特加油。记住，要想在社会上站住脚，取得别人的尊敬，就必须得经历千辛万苦。巨大的成功得从一点一滴的小事做起。”

虽然学得很吃力，但是凡·高的态度却非常认真，对这样的学生德科斯塔还是非常喜欢的。下午的课程结束以后，德科斯塔像往常一样，对凡·高说：“走，我送你一程。”

德科斯塔在学习上是凡·高的良师，在生活上德科斯塔是凡·高的益友，凡·高喜欢和他讨论生活的意义、人生的目的等问题，每次德科斯塔的回答，都能给凡·高很大的启示。

他们一边走一边聊，德科斯塔关心地说：“凡·高，我觉得你的学习状态不是很好。”

凡·高苦恼地说：“这个问题困扰我很长时间了，每当我盯着拉丁文或是希腊文的时候，脑袋里总是空空的……”

“你是不是得了厌学症？”

“厌学症？不会吧，我总是很努力地想学好它们，我总是告诉自己绝不能失败。我有这样的抱负，又怎么能够厌学呢？”

“文森特，你有没有想过你学这些是为了什么呢？”

“为了考上神学院，为了以后能够当上牧师啊！”

“那当上牧师又是为了什么呢？”

“是为了……”凡·高一下子卡住了，“为了什么呢？以前是为了能够为那些穷人、病人和受压迫的人服务，可是现在是为了什么呢？”凡·高不说话了。

“我记得你以前和我说过你在英国的布道，那时候你为那些贫苦的人布道，虽然次数很少，但是你却很快乐，因为你感觉自己在做一件有意义的事情。可是现在的你，我感觉不出一点的快乐，我觉得你就像一只被压迫的老黄牛，在那里漫无目标地耕耘着。只顾做，而不管对不对，不管值不值得。”

凡·高那颗被尘封的心，开了一条小缝儿。

“文森特，你看。”

凡·高循着德科斯塔手指方向望去，只见远处一片低矮破旧的房屋，从里面泛出点点微弱的灯光。由于风力的作用，一股闻起来让人呕吐的恶臭，从那边飘来。

“想当年伦勃朗穷困潦倒的时候，就曾经住在这样的地方，他晚年的那些名画都是取材于这里。”德科斯塔停顿了一下，接着说，“其实这里的人才是真正需要上帝的人。那些富人区的，他们根本不知道什么叫作挨饿、受冻，上帝对他们而言只是一个名词。而这里的穷苦人，却需要上帝来拯救他们，来指引他们。”

说到这里，德科斯塔看了看凡·高，只见他双眼凝视前方，正在思考着。这时，一只饿急了的狗打破了两个人的沉默。平时极为节俭的凡·高立即掏出身上仅剩的两便士，用其中一便士为狗买了一个面包卷。

那狗狼吞虎咽地三口两口将面包卷吃下肚，然后冲凡·高摇了摇尾巴，“汪汪”叫了两声。

凡·高转身问德科斯塔：“你知道它刚才对我说什么吗？它说，它还想要一个这样的面包卷。”

说完，凡·高用他仅剩的一便士又买了一个面包卷，直到那狗吃完，他才抱歉地对它说：“对不起，我实在是没有钱了。”

那狗像是听懂了人话一样，冲凡·高摇了摇尾巴，然后跑掉了。

德科斯塔笑着说：“文森特，你的善良随处可见，由此，我更加肯定你是得了厌学症，你现在从事的是你所不愿意做的事，所以你从心底打怵它，以至于你连已学会的都忘记了。”

德科斯塔的话一字一句地打在了凡·高的心坎上，他终于明白了，为什么看《圣经》，他看一遍就能记住，而学拉丁文，他费了九牛二虎之力，也是白费，原来这是因为兴趣，没有兴趣，即使以后真的考上了神学院，也不会成为一名好的牧师。到时候，失望的不仅是自己的家人那么简单了。

终于想明白一切的凡·高，感觉身上轻松了，他加快了回家的脚步。

绝不投机取巧

凡·高虽然下定决心不再考神学院，但是回到约翰内斯叔叔家中，他却犯难了。毕竟约翰内斯叔叔和斯特里克姨父为他上神学院花了很大的力气，而且寄予了厚望，如果说出自己的想法，是不是会非常伤他们的心呢？

凡·高想了很久也没有想到十全十美的办法，最后只得写下一封充满感激和歉意的书信放在桌上，然后收拾了一下自己的行李，悄悄地离开了阿姆斯特丹，回到自己父母的家中。

在回家的路上，凡·高思绪万千，他不知道怎么向父母开口，告诉他们自己不打算上神学院了，他害怕看见父母那失望的眼神。到了家门口，凡·高徘徊了很久，知道天色已经黑了，他才鼓起勇气，敲响了房门。

令凡·高非常惊奇的是，父亲泰奥多鲁斯竟然也在家，往常的这个时候他都在教堂。

凡·高低着头，有些结巴地说："爸爸、妈妈，我，回来了。"

"孩子，回来就好，回来就好。"母亲安娜慈祥的声音在耳边响起，让凡·高的心里一酸，眼泪差点儿就掉了下来。

“文森特，抬起头。你是男子汉，你又没有做错什么，为什么要低着头呢?”泰奥多鲁斯和蔼地说道。

凡·高缓缓地抬起头，看见父母那双充满了关爱的眼睛正注视着自己，他再也控制不住了，眼泪簌簌地落了下来。

泰奥多鲁斯拍了拍他的肩膀说道：“别哭了，你约翰内斯叔叔已经派人把你的事情向我们说了。既然你觉得上神学院不是你的理想，那么你勇于放弃也是对的。”

“可是……”

安娜打断了凡·高的话，说道：“天下的父母都是一样的，都是想自己的儿女能够过得快乐，我们也不例外。你为了上神学院付出了很大的努力，这就是对我们最好的安慰。”

“可是，那样我就没有机会在大教堂中为人们传教了啊！你们不失望吗？再说了，这次我一定伤透了约翰内斯叔叔和斯特里克姨父的心，他们也会埋怨你们的。”

“你不要操心了，你的约翰内斯叔叔和斯特里克姨父已经看到了你留下的信，知道了你的心意。虽然他们对你的不辞而别很是气恼，但是他们都尊重你的选择，并表示如果有时间欢迎你去他们那里做客。”

“真的吗?”凡·高的心落下了一半。

“当然是真的了。我和你妈妈也尊重你的选择，如果你的志愿不在那里，那么即使你以后上了神学院，当了一名牧师，也不会是一名好牧师的，与其那样还不如不上神学院。”

凡·高的心终于落到了肚子里。

安娜端来了一杯热咖啡，对凡·高说：“你看你，都多大了，还像个孩子一样掉眼泪。喝杯咖啡，放松一下心情吧！家是你永远的港湾。”

听了这话，凡·高本来已经抑制住了的眼泪又掉了下来。

接下来的几天里，凡·高作为一个孝顺儿子，在家里陪着安娜聊聊天，做做家务。

这天，泰奥多鲁斯从外边回来，非常兴奋地对凡·高说："我打听到，由范登布林克、德容和皮特森牧师组织的福音传道委员会，在布鲁塞尔开办了一所新学校。这个学校是免学费的，学生只需缴纳很少的一点食宿费。文森特，你愿意去那里吗？"

听说能到福音传道学校学习，而且不用交学费，凡·高高兴极了，连忙应道："太好了，爸爸，我非常愿意去那里，您看我们什么时候动身比较好呢？"

"你这孩子，总是那么性急，你要等你爸爸把手头的事情安排一下，再出发啊！"安娜看见凡·高高兴，她也非常高兴。

"不必等了，有什么比我的儿子更重要呢？我们明天就动身。"

第二天一早，凡·高和泰奥多鲁斯一起前往布鲁塞尔。到了那里，一切都非常顺利。

皮特森牧师对泰奥多鲁斯说："等3个月学业修满，我们将任命文森特到比利时的一个地方去工作。"

旁边的德容牧师粗声粗气地插嘴道："条件是他要及格。"

泰奥多鲁斯微笑地看了看凡·高，说道："及格，是绝对没问题的，对吧？"

凡·高郑重地点点头，大声说："绝对没问题！"

就这样凡·高开始了为期3个月的学习。

因为这所学校是新成立的，所以一共只有3名学生，两个比利时的小伙子，再加上凡·高。

虽然这里的学习条件不是很好，但是一想到离从事自己喜爱的职业只差一步之遥，凡·高的心情还是非常愉悦的，在给提奥的信中这样写道：

> 我听说，在比利时的南部，有一个叫博里纳日的地方。这是一个矿区，有很多的煤矿工人在那里生活，他们生活在黑暗和贫穷里。我想到那里做一个福音传教士，为那些穷苦的人传播福音，因为只有他们才是最需要福音的。
>
> 我是这样计划的：一周当中，我在礼拜日做布道讲演，其他的时间用来教书。如果我能够在那里工作3年，我一定会有很大的长进的。
>
> 亲爱的提奥，希望下次你接到我的来信的时候，我已经在博里纳日工作了。我盼望着这一天快点到来。

凡·高的心愿是好的，但是这需要他花费3个月的时间去学习，并保证能够做到考试及格。就在这关键的时刻，上帝打了个盹儿，没有眷恋他这个忠诚的信徒。

事情是这样的，为了能够尽早让学生毕业，为了让他们能够胜任传教的工作，福音传教学校的教学宗旨是把学生们培养成为优秀的演说家。

范登布林克校长要求凡·高和另外两名学生每天晚上都准备一份演讲稿，第二天上课的时候，就连续朗诵这些讲演稿。

凡·高办事极为认真，为了写好讲演稿，他常常通宵达旦。可是一篇好的讲演稿一个晚上的时间又怎么能够写得完呢？

那两名学生看凡·高写得辛苦，劝他说："别那么傻了，随便去抄些现成的讲演稿不就可以了吗？那样既省时，讲演稿的质量又好，比你这样一个字一个字地费力写强多了。"

凡·高听了这话，表情非常严肃地反驳道："那怎么可以。我们的目的是为了传递上帝的福音，只有发自内心的声音才能够使人们产生共鸣，随便抄袭，那是对我们工作的亵渎，是对上帝的亵渎。”

面对凡·高的“顽固不化”，那两个人气得鼓鼓的，冲凡·高大声嚷道，“好心不得好报，你去见鬼吧！”

凡·高没有搭理他们，继续埋头写自己的讲演稿。

第二天讲演的时候，那两名学生争先上场，用铿锵有力的声音背诵了那些抄袭的词句。

凡·高心想：“你们这种可耻的行为，一定会受到老师惩罚的。”

谁知道，那两名学生讲演完后，范登布林克校长不仅没有责罚他们，反而赞赏地点了点头。

那两名学生看到这种情景，得意地扫了一眼凡·高，那眼神充满了挑衅。

“凡·高，该你了。”德容牧师说道。

凡·高拿着自己花了一夜的心血写成的讲演稿登上讲台，刚要开口，那两名学生发难了：“校长要求我们背诵下来，凡·高你怎么可以违背校长的话呢？”

德容牧师也在旁边附和道：“对对，要背诵。文森特，把你的讲演稿扣过去吧！”

“不让看讲演稿？天啊，那怎么可以？我花了一晚上才写完它，哪有时间去背啊？”凡·高的头上有点冒汗了。

这时，范登布林克校长也发话了：“凡·高，为了公平起见，请你背诵你的讲演稿。”

没办法，凡·高只好凭借记忆开始磕磕巴巴地背诵起来。

另外两名学生一边听着凡·高的讲演，一边在旁边大声议论。

“哎呀，听听，文森特讲的都是什么啊？前言不搭后语的。”

“我看他连话都说不好，怎么去传教啊！唉，真是给我们学校丢脸啊!”

凡·高被他们的议论声骚扰着，讲得越来越不连贯，再看范登布林克校长的脸色，越来越难看。最后他“噌”地站了起来，冲着凡·高喊道:“停，停!简直太垃圾了!文森特，你回去给我好好背诵!什么时候背流利了，什么时候再登台讲演!”

说完，范登布林克校长摔门而去，德容牧师狠狠地瞪了凡·高一眼，喊道:“校长，等等我，等等我!”然后，追了出去。

那两名学生看到这个结局，冲着凡·高幸灾乐祸地笑了笑，然后也勾肩搭背地走了出去。

皮特森牧师走上讲台，拍了拍凡·高的肩膀，对他说:“别灰心，加把劲，我觉得你会比另外两个更出色的。”

凡·高暗中握紧了拳头，对自己说:“加油，文森特，你能行的。”

在接下来的日子里，凡·高努力地写讲演稿，努力地背诵，他变得越来越瘦，加上长时间的睡眠不足，越来越神经质了。可是他的努力并没有太大的成效，虽然在背地里他背诵得很好，但是一登上讲台，他的神经就高度紧张，再加上那两名学生在旁边捣乱，他的讲演一直也没有得到范登布林克校长的赞许。

转眼3个月过去了，凡·高毫无意外地考试没有及格，而那两名会投机取巧的学生却作为优等生被派往了胡格斯特拉埃顿和艾迪艾奥夫工作。

凡·高在得知没有及格的消息后，心里乱极了。他实在不明白为什么自己辛辛苦苦地努力，却得到这样的结局，而那两个只知道趋炎附势、投机取巧的家伙却成了优等生。

就在凡·高怀着伤心失望的心情准备离开这所学校的时候，皮特森牧师找到了他。

“凡·高，你的努力是大家有目共睹的，你的才能不会因为这次考试而埋没。我已经为你争取到了去博里纳日煤矿传教的资格，那是一个真正需要上帝使者的地方，我想，凭你的热情和善良，你一定能做好这项工作的。那里的条件很差……”

听说能去博里纳日煤矿，凡·高对别的都不关心了，他高兴得几乎要跳起来：“皮特森牧师，谢谢您，我非常愿意去那里！”

就这样凡·高兴高采烈地踏上了去博里纳日煤矿的火车，虽然那里条件艰苦，而且全部是自费的，但是他的心里充满了期待，他盼望着能够早点到达那里，因为那是他梦想的地方，是他真正能够实现自己的理想，为穷苦人办事的地方。

到博里纳日矿区

博里纳日矿区的矿工们有些居住在一个叫作瓦姆的村子里。这个村子坐落在一道陡斜的峡谷之中。矿工们的住房非常狭小，都是些简陋的木板房，零零星星地毫无规则地散布在坎坷不平的路边、林子里和山坡上。

村子的西侧是一片开阔地，这就是马卡赛矿井。这里有许多高大的烟囱矗立其间，还有很高很高的黑黝黝的矸石山。虽然马卡赛只是比利时煤矿所属的一串 7 个矿中的一个，但它是博里纳日最老、最危险的矿井。它的名声很不好，因为有那么多的人在下井或上井时被毒瓦斯、爆炸或倒塌的旧巷道夺去了生命。

在这个村庄唯一的一座红砖瓦房是面包师丹尼斯的家，凡·高就寄居在这里。丹尼斯太太是个非常热情、善良的女人，她为凡·高准备了一间干净舒适的小房间，并为迎接他的到来准备了丰盛的食物。

凡·高经过长途跋涉现在已经很饿了，他一边狼吞虎咽，一边问丹尼斯太太："这里的白天怎么这么安静啊，我怎么连个人影都没看见呢？"

丹尼斯太太叹了口气，说道：“你当然看不见人了，这个村子里的大多数人现在都在井底下干活呢！连七八岁的娃娃都不例外。”

听到这话，凡·高吃惊地“啊”了一声，“这怎么可能呢？七八岁的孩子应该正在读书啊，下井能干什么啊？”

“唉，读书，这个字眼在这里简直是太奢侈了，这里的孩子别说是读书，连玩的机会都很少，他们从很小的时候就要帮父母干活了。在这里不干活就要饿死。”

凡·高觉得一切是那么的不可思议，接着问道：“您能给我讲仔细一些吗？”

“这里的人们常常是天不亮就下井，在暗无天日的地下要干整整一天，每个人都像黑煤球一样。可是他们的薪水非常低，如果一天不干活，就会饿肚子。我的命真好，有个面包店维持生活。”

他们正说着，有人走了进来。只见他个子不高，身躯佝偻，长着一双眼窝深陷、神色忧郁的眼睛。

只听丹尼斯太太热情地和他打招呼：“你好啊，丹尼。这位是我们这里新来的福音传教士文森特·凡·高先生。”

她转过脸又对凡·高说：“文森特，他叫雅克·丹尼，是这里的监工。你可别以为监工都是坏人，他可是我们这里的大好人啊，你有什么问题尽管问他好了。”

听完丹尼斯太太的介绍，凡·高和丹尼互相寒暄了几句，然后就转入了正题。

凡·高问道：“丹尼先生，您能不能给我介绍一下这里的情况呢?!”

丹尼看了看外边的天色，说道：“现在天色已经不早了，矿工们也该上来了，走，咱们到井口那儿，咱们边走边说。”

凡·高随着丹尼离开了丹尼斯太太的家，这时候正值冬季，寒风凛冽，凡·高将大衣的领子竖了起来，将手插进衣兜，可是仍然感觉到寒气逼人。

他看了看丹尼，发现他身上只穿了一件薄毛衣，于是问道："丹尼先生，您不冷吗？"

丹尼笑了笑说："不冷，我在这里算是穿得多的了。幸亏当初我母亲教我读了一点书，我有幸成了一名监工，否则在这冬天我只能穿着衬衫过冬了。"

凡·高听了这话打了个冷战，心中暗想："我穿这么多还冻得直哆嗦呢，只穿件衬衫要怎么活啊！"

一路上凡·高听见丹尼总是一阵阵地剧咳，他很担心地问："您这是怎么了？感冒了吗？"

丹尼摇摇头，说道："这是肺病，我们这里的人如果能活到40多岁就已经是长寿的了，但是也到了生命的尽头了，因为这个年纪的人差不多都得了肺病。"

"怎么会这样？"

"这里的矿工们每天早上3点就要下井干活，一直到下午4点，中间只有15分钟的吃饭时间。井地底下又黑又热，充满煤尘和毒瓦斯，让人没法呼吸。"

"那为什么不去治疗一下呢？"

"唉，这个问题我提过很多次了，但是对矿工们来说他们不愿意耽误时间，因为耽误一天他们会饿一天的肚子；对矿主来说，这不仅需要增加成本，而且会耽误他们工作的进程，所以这个问题提了很多次可是总的改善并不大。"

丹尼顿了顿又说："这里的人不是死于瓦斯爆炸、罐笼事故，就是死于肺病，总的来说超过40岁已经很不容易了，所以大家对生死都已经麻木了，根本没人去关心设施条件的问题。"

“可是那些孩子呢？我听丹尼斯太太说这里的孩子七八岁就开始下井了。”

“孩子？每个人都想给自己的孩子以最好的生活条件，但是这里的情况不允许，你要是想生存，你就要去干活，你就要忍耐这里的一切。”

听了这些凡·高觉得更冷了。

两个人沉默了很久，凡·高又问道：“那这些矿工的报酬……”

“一点都不成正比，是干得最多拿得最少的。每天只有50个生丁。他们每天吃的是黑黑的面包、变味儿的奶酪和清咖啡，吃肉对他们来说只是过节或是结婚、生孩子时才能够享受到的奢侈品。”

凡·高瞪大了双眼，仔细地听着丹尼说的每一句话，他脸上的表情一会儿是同情，一会儿是愤怒。

丹尼接着说：“这里的人最怕的就是生病，因为他们根本就没有钱去看病，而且生病还会耽误干活，那样饿肚子的就不是一个人了，而是一家人。”

“生病了，那些矿主们就不给他们一点补偿吗？”

“补偿？根本没有。我在30岁的时候当上监工的，幸亏当了监工，否则我早就咳死了。”

“死”这个本来人人都非常忌讳的词，在这里像“活”一样的稀松平常。凡·高无法体会人们心中那种苦难，只有附和着点点头。

这时，已经离马卡赛矿井不远了。只见矿工们陆陆续续地从矿井门口走了出来。他们穿着破烂的粗布衣衫，头戴皮革缝成的帽子。所有的人都是黑黢黢的，只有眼白和牙齿能看见一点白色。如果将他们放进煤堆中，真的是混为一体，分辨不出来。

大家自己走自己的，互相之间没有任何交谈，就连那些孩子也都是默默地低着头往前走，整个人群弥漫着一种压抑的气氛。

凡·高走上前试着跟人们打招呼，可是只有个别人抬头扫了他一眼，其余的都低头赶路。

丹尼拉了拉凡·高的衣襟，对他说："别费力气了，这时候没有人会搭理你的，大家都累得半死，别说你了，就是省长来了，他们也不会答理的。"

凡·高沉思了一会儿，说道："我觉得我来得太晚了，如果我能够早点来，早点把上帝的福音传给大家，人们有了希望，是不是会好一些呢？"

"我也不知道，希望如此！"丹尼一脸迷茫地回答。

晚上，凡·高回到丹尼斯太太家中，他躺在床上怎么也睡不着，最后索性起床，给提奥写了封信：

亲爱的提奥：

我已经来到了博里纳日。这里的环境真是艰苦呀！所有的人都在为吃饭而努力工作，他们工作的地方，就是地下700多米深的煤矿里。

据说，下面非常狭窄，而且气温很高。因为总是生活在那样的环境里，很多人都得了热病，他们全都骨瘦如柴。他们这样辛苦，却还是吃不饱饭，真是可怜啊！我一定要尽我的能力，让他们生活得快乐一些。

等凡·高写完信，发现外边的天已经蒙蒙亮了，他对自己说："去睡一会儿吧，你还有很重要的事情要做，这里的人们还等着你去拯救呢！"

凡·高强迫自己躺在床上睡了一小会儿，在睡梦中他被今天所看到的情景纠缠着，一会儿是那些毫无生气的脸孔，一会儿是黑黢黢的井底，一会儿是桌上可怜的饭菜……

这就是凡·高在博里纳日度过的第一天，也是他在这里过得最舒适的一天。

在接下来的日子里，凡·高努力地融入矿工当中，他每天都早早起床，到一些病得很重的人或是特别贫穷的人家中看望，给他们读福音，和他们一起祈祷。

除了这些外，他还担当了医生的职责，给生病的人们送药、熬药、按摩。还教导儿童，给他们讲《圣经》里的故事，讲一些基础的数学知识。

很快凡·高就和大家打成了一片，这里的矿工都热情地叫他“凡·高先生”。

自从凡·高到了这里，那种死气沉沉的局面不见了。晚上，大家吃过晚饭后都不约而同地来到凡·高布置的会场里，听他布道。

这个会场原来是个废弃的马厩，能够容纳一二百人，凡·高把它改装了一下，在四周的墙壁上挂上了基督的画像，还有一些他自己临摹或是提奥给他寄来的画片。

虽然凡·高在福音传教学校里总是背不利索讲演稿，但是到了这里，他却能够用流利的语言将所要布道的内容铿锵有力地、富有感情地背诵出来。

一次，他挑选的是《使徒行传》第十六章第九段：

那天晚上保罗面前出现幻象。一个马其顿人站在那里祈求他说：“到马其顿来帮助我们吧！”

讲到这里，凡·高停顿了一下，富有煽动性地对在座的人说：“我亲爱的朋友们，展开你那富有想象力的翅膀吧，把自己化作那个马其顿人。”

说完他走到众人中间接着说道：

你看，他脸上布满了皱纹，一副悲伤、痛苦、疲惫不堪的表情。你别看他不光彩照人，但内心仍充满才智。因为他有永远不朽的灵魂，他需要永不腐烂的粮食，那就是上帝的教诲。

上帝希望和要求人们像基督那样做人，在仿效基督的过程中，过简朴的生活，终生不可追求太高的大而不当的目标，要让自己顺应低下的生活环境，按照《福音》书中的教诲，温顺而谦恭。这样，你将来进入天国之后，就可以在那里永享安宁。

听完凡·高的讲演，人们热泪盈眶，大家仿佛看到了希望，看到了那个抛弃了他们的上帝又重新回到了他们中间。大家对凡·高表示由衷的感谢。

凡·高在给提奥的信中诉说着在这里的一切：

每到黄昏，我就在新布置的“教堂”里讲道五六次，有时候也在马房及牛栏里讲道，大家都专心地侧耳倾听。

这里的居民，几乎都目不识丁，但对自己的工作却极为认真、负责。他们的个子都不高，身体瘦弱，但都具有一种苦干精神。

今天，我访问了一个老太太。她身患重病，但极有耐心，信仰虔诚，我陪她一起读了《圣经》。

凡·高的努力没有白费，这种勤勉献身的热忱，传到了传道委员会委员们的耳朵里。他们商量过后，由皮特森牧师执笔，给凡·高寄来了一封任命信，信中写道：

福音传道委员会得知你的工作出色，决定授予你一项临时任命，自今年年初起，期限半年。

如果在6月底之前一切进展顺利，你在这儿工作也将是永久性的。试用期间的薪金为50法郎。

这对凡·高来说可谓是一个不小的成功，在欣喜之余，他的工作热情更高了，并开始酝酿下井体会矿工们的生活。

和矿工们共患难

经过凡·高的再三申请，丹尼终于同意他下井了，并特意为他找了一名老矿工布鲁斯做向导。

布鲁斯被瓦姆村的矿工们戏称为“不死之神”，他在这里已经工作33年了，曾经经历过3次大的矿难，虽然每次都在他的身上留下了明显的印记，比如右侧头皮上一大片的红红的“不毛之地”，行走时左腿明显地迟缓，胸部有3根肋骨向外突出，不能复原等，但是他毕竟挺了过来，还活着。

布鲁斯和凡·高相约凌晨3点在矿井门口见面。这时候的天还是漆黑一片，寒冬的凌晨显得更加清冷。

矿工们准时在3点从四面八方聚集了过来，他们穿着黑色的单薄外衣，冻得瑟瑟发抖。

布鲁斯说道：“你别看他们现在冻得都快僵了，一会儿到了井底，他们个个都要脱得精光，那里实在是太热了。”

说完，他递给凡·高一盏煤油灯，招呼他一起随着下井。

下井用的罐笼共分为6间，每间里都有一辆煤车可以带往地面。虽然下降时一间罐笔正好够两个人舒适地蹲在里面，可是没有人愿意最后一个下去，所以往往一间里面挤满了五六个人。

因为凡·高是大家都喜爱的传教士，所以他受到了特别的优待，他和布鲁斯在最上面一间，而且只有他们两个。

“您要把手始终放在身体前面，如果碰到了井壁，那么这只手就要和您说再见了。”布鲁斯好心地告诫文森特。

发信号了，罐笼飞似的顺着两条钢轨向下降落。凡·高的心一下子提到了嗓子眼，他害怕地紧紧闭上了眼睛。

仿佛过了一个世纪那么久，只听“咣当”一声，罐笼着地了。凡·高缓缓地睁开眼，不好意思地对布鲁斯说：“刚才，我实在是害怕极了。”

布鲁斯理解地笑了笑，说道：“别说是你了，就连我，坐到上面还怕得要死呢！你没有发出尖叫声，已经很让我吃惊了。”

凡·高和布鲁斯从罐笼里爬了出来，弓着腰像虾一样，顺着狭窄的通道往更深的地方走去。大约走了 200 米，地下有一个洞口，仅容一人通过。

布鲁斯告诉凡·高：“凡·高先生，您千万要小心啊，这里非常滑，一不小心就会掉下去。”

说完他小心翼翼地顺着梯子爬了下去。凡·高试探性地踩了踩梯子，觉得那里满是泥泞，滑不溜秋，他只有狠命地抓住两边的扶手才不至于摔下去。

凡·高好不容易来到了洞底，四肢爬着走过一个巷道，就到了矿工们挖煤的地方。这是一个阴森森的黑暗的狭窄低矮的过道，用原木支撑着的一排排小煤床中，矿工们正在小油灯发出的弱光下忙碌地掘煤。

矿井里的空气混浊，散发着难闻的气味，在矿井里工作的矿工们，就好像没有感觉一样，他们一心只想多采点煤，因为只有那样他们的肚子才能够更饱些。

布鲁斯看见凡·高吃惊地张大了嘴巴，对他说："凡·高先生，不要吃惊，这里的环境在整个矿井中还算是最好的呢！你看那些矿工都是10来岁的孩子，他们的父母还在下面呢，那里的环境比这里可要差多了。"

"天啊！还有比这里环境更差的！"凡·高实在是不敢想象。

在布鲁斯的带领下，凡·高他们又往下面前进了。越往下走，越感觉呼吸不畅，每吸进一口气，就像一团火吞进了肚子里。

他们终于又到了一个煤层，这个煤层没有煤房，只见矿工们的双腿跪在地上，后背挤着岩顶，寻找着壁上的某个尖角，挥动着手中的镐，把煤刨下来。

这一层比上面那层矿温度高多了，矿工们挥汗如雨，浑身赤裸，个个是煤球人。凡·高刚来几分钟就感到酷热难当，粉尘呛得喘不上气来。

布鲁斯看着凡·高满脸痛苦的表情，问道："凡·高先生，您还要不要再去新开的煤矿看看，那才是世界上采煤最艰苦的地方。我就是在那里工作的。"

"还有比这里的条件还要艰苦的？真让人不敢相信。你们难道就没有想过离开这里吗？"

"离开这里？不是没有想过，可是我们哪里有路费呢！整个博里纳日矿区找不到一家矿工能拿得出1个法郎的。不过即使能走，我们也不愿意离开这里，毕竟这里是生我们、养我们的家乡，我们爱我们的煤矿，比起地上，我们更愿意在地下。我们所要求的无非是能够维持生活的工资、合理的工作时间和安全保护。"

"多么低微的要求啊，可是就连这最起码的要求，也不能够满足，比起他们我是多么的幸福，想想以前自己的抱怨，那是多么的可笑啊！”想到这里，凡·高对布鲁斯说：“走，带我去那个新开采的煤矿看看。”

“您真令我感动，您是第一个这么关心我们矿工工作的人。”布鲁斯充满感激地说道。

这新开掘的煤矿在地下700米的地方，被隔成了12个小而黑的洞穴。布鲁斯费力地挤进其中的一个洞口，冲凡·高招了招手。

凡·高跟着爬了进去，这里漆黑一片，而且只能像蛇一样将腹部贴在地面上爬行，才能够穿过去。这里唯一好的，就是比刚才的煤层还凉快一点儿。

终于爬到了洞口，凡·高长出了一口气。又往前走了一点，才看到洞壁上闪着四簇微小的蓝色火光。终于看见了光亮，凡·高高兴地想喘口气，不料却吸进了一口火。液态的火进了他的肺部，烧得他的五脏火辣辣地疼，都快窒息了。

这时，有的矿工认出了凡·高，连忙对布鲁斯说：“快带凡·高先生出去吧，在这里他会吐血的，到时候咱们不得不用木滑车把他送出去了，那太耽误时间了。”

布鲁斯看了看凡·高苍白的脸，答应道：“好的，我这就带他出去，现在已经9点了，大家该吃饭了。”

一个个浑身汗水，上下漆黑的身躯，机械地停止了手中的活计，靠着洞壁坐下，打开他们的袋子。里面无一例外的都是夹着酸乳酪的两片厚厚的粗面包，他们狼吞虎咽地吃着，生怕吃慢了会耽误开工的时间，吃完面包，他们用满是煤渣的手随便擦了擦嘴，端起身边的啤酒瓶，“咕咚咕咚”地喝下微热的咖啡，用来把面包冲下肚子。

布鲁斯对凡·高说：“看见了吗？这些吃的，就是我们一天的劳动换来的所有的东西！”

凡·高的眼睛湿润了，这简直就是中世纪的刑讯室。

由于空气稀少、闷热和粉尘，现在凡·高除了呼吸外，已经没有力气再表达他的想法了，当布鲁斯说他们应该离开时，他很微弱地点了点头。

费了九牛二虎之力，凡·高终于从矿底回到了地面，这时候他才发现天原来是那么蓝，空气是那么新鲜。

他贪婪地呼吸了好几口空气后，才缓缓开口："布鲁斯，刚才我们在井下看见的蓝色火苗是不是瓦斯啊？"

"对，就是那讨厌的家伙。"

"可是那里的瓦斯明显地超标了，如果再这样下去，迟早会出事的，难道没有人管吗？"

"上个星期已经处理过了，可是那里的条件实在是太糟了，所以很快又聚集了很多。如果要把它们清除干净，需要整整一天的时间，我们可舍不得。"

布鲁斯顿了顿，满不在乎地继续说道："迟早都是一个死，我觉得在瓦斯爆炸中死，要比活活饿死痛快很多，所以清不清理瓦斯对我们来说一点也不重要。"

听了这些话，凡·高冲着天空大声地质问："上帝啊，你在哪里？你真的忍心让你的子民从事这种可恶的、苦役般的劳动吗？"

除了几声鸟叫外，一切还是静悄悄的，上帝也许睡着了，没有听见凡·高的问话。

凡·高把这次经历写信告诉了提奥，他在信中写道：

最近，我做过一次探险，那就是在煤矿里待了6小时。那里叫作马卡赛，是附近最危险的煤矿之一。

爬上爬下的辛苦、毒空气的污染、瓦斯爆炸、地下水或旧坑道的崩裂……由于这些意外事故而死伤的人很多，在阴森森的地方，只要看一眼四周的景象，就会不寒而栗。

有一位很有耐心的矿工为我领路，他说自己已在此工作了33年，而且经历过无数次的危险，好在都幸免于难。

我们到达地下的深层，摸索到地下各角落去探险。距离入口最远的地方，叫贾古尔当。倘若有人能把那里的情况描绘出来，恐怕那将成为举世无双的作品。

那里的通道极为狭窄，令人无法想象。每个洞穴中都有满脸漆黑的矿工，他们穿着粗陋的麻衣，青白色的灯光像豆子一般大小，让人感到如同进入了地狱。

有些地方积了水，矿内的灯光隐约可见，好像钟乳石似的反射着微光，在坑道里，有人用木棒作业，有人用小车子把挖好的煤炭运出来。

这次的探险对凡·高的影响很大，他迫切地希望能够帮助这些矿工们。最后他通过丹尼的关系，找到了煤矿的经理，想说服他，改善一下矿工们的待遇。

当凡·高把自己的所见所闻向那名经理叙述完了以后，经理耸了耸肩，一脸无奈地说道：“凡·高先生，您说的事情，我一清二楚。我并不是像您想象的那样冷血，为了牟取最大的利益而甘愿牺牲那些矿工。其实我也明白，如果矿工们的工作条件改善了，他们的工资提高了，他们的工作效率也会跟着提高，到时候就能采出更多的煤了。可事实不像你想象的那样……”

说到这儿，经理在桌子上摊开了一张大表，指着下面的一条蓝线，对凡·高说：“看看这里吧！比利时的煤矿是全世界上最贫的矿，在这里采煤相当困难，所以我们拿到市场上去出售时，几乎得不到什么利润。我们的业务费用在欧洲所有的煤矿中最高，而提取的利润却是最低的。现在我们付给矿工的工钱已经到了我们的极限，如果再多些，那么我们就要破产了。先生，我的话你听明白了吗?”

凡·高被问得哑口无言，只得又问道：“那能不能试着改善一下他们的工作环境呢?”

“这个问题不用你说，丹尼已经向我提过多次了。不是我不想改善，只是那需要大量的金钱，而那是我们最缺少的。改善了他们的工作环境，他们却要失去工作，尊敬的凡·高先生，请问，如果是您。您会怎么选择呢?”

凡·高被彻底击败了，他想好的上千条、上万条的理由，就这样被活生生地扼杀在摇篮中。

最后，那名经理说道：“听说您是一名福音传教士，那么请您帮我问问上帝，我究竟应该怎么做才是两全其美的?”

上帝，上帝究竟在哪里?凡·高也迷茫了。

回到了瓦姆村，凡·高整理了一下自己的行李，发现自己竟然是那么的“富有”，共有 5 件衬衫、3 套内衣、4 双袜子、两双鞋、两身礼服，外加一件军大衣。

凡·高自言自语道：“文森特，你看你是多么的奢侈啊，你哪里有资格对那些吃不饱、穿不暖的矿工们谈论上帝的声音呢?”

想到这里，凡·高收拾了一下自己的行李，不顾丹尼斯太太的挽留，执意离开了那所温暖的红砖房，住进了村子里最破的一间木板房中。

他把自己的工资按矿工们的生活标准分成两部分，一部分作为自己的生活费，另一部分换成食物和药品，开始每家每户地去发放。遇见有需要的人，他还把自己的衣服送给了他们。

这时，凡·高的心才稍稍地平静了一些，他觉得自己代表上帝在进行爱心的传导，他的使命感更重了。

冬去春来，万物开始复苏，瓦姆村也透出了一丝生气。凡·高充满希望地对矿工说："好日子就要到来了。经过考验，上帝看到了你们的一片真心。最艰难的时刻已经过去；田里的五谷将会成熟；温暖的太阳将会驱走寒冬，饥饿和寒冷将离你们远去。"

大家听了这些话，露出了久违的笑容，孩子们高兴地欢呼雀跃起来。他们没料到，一场大的灾难正在悄悄地降临。

彻底抛弃上帝

在一个晴朗少云的日子里，凡·高正带领孩子们在他的教堂里读《圣经》，忽然从外边传来了一阵凌乱的脚步声，夹杂着声嘶力竭的哭喊声："出事了！出事了！新开的那个矿井瓦斯爆炸了！"

还没等凡·高反应过来是怎么回事，孩子们已经像箭一样窜了出去，他们一边跑一边呼喊着："爸爸……妈妈……"

等凡·高来到矿井门口，这里已经密密麻麻聚集了很多人，许多妇女怀里抱着婴儿，幼儿跟在身后，人声嘈杂，哭声一片。

丹尼正在那里组织抢救，经过一个冬天他的肺病更厉害了，不仅咳嗽声不断，有时甚至会吐几口血。他的脸色苍白，一边指挥抢救，一边在那里焦急地念叨着："这群蠢货，守财奴，早就让他们清理干净瓦斯，可就是不听话，这下全完了，全完了！"

凡·高走到丹尼身边，请求让他下去参加抢救。

丹尼不耐烦地摆摆手，说道："凡·高先生，您还是在一边待着吧，你没经验，下去只会给我们添乱的。"

凡·高还想再申请一下，只听人群中一阵骚乱，有人喊道："让开，让开，救出了3个人。"

只见几名年轻力壮的矿工抬出3个用毯子裹着的人，“这3个孩子是在外边推煤车的，烧伤很严重，但万幸的是，他们总算还活着。”

说到这儿，几位做母亲的扑了上去，有的看见孩子的情况既高兴又伤心地“哇哇”大哭，有的神情呆滞地退了回来。

凡·高扒开人群走上前，看见孩子的脸已经被烧得面目全非，身上更是惨不忍睹。

他急忙蹲下身子一边给孩子脱衣服，一边冲着正在那里恸哭的父母嚷道：“快，快去拿点油来。”

很快油拿来了，凡·高又嚷道：“绷带！绷带呢？绷带怎么没拿？”

“什么叫绷带啊？”

凡·高拍了下脑门，换了一句问：“白布，白布有吗？”

那位做母亲的用微弱的声音回答道：“没有。”

凡·高急了，赶紧脱下自己的衬衫，撕成条，把孩子从头到脚都包扎了起来。当3个孩子都处理完时，凡·高的衬衣和衬裤都已经当绷带用完了。

矿上的抢救工作持续地进行着，可是即使是那些矿工的尸体，想要找到也是非常不容易的事情。时间一分一秒地过去了，人们的希望一点一滴地破灭了。人们的表情从焦急、期待，慢慢地变成了麻木、绝望。

这次，连村中那个“不死之神”布鲁斯也没能幸免于难，整个瓦姆村的上空笼罩着一片死亡的气息。

就在矿难发生后的第二天，监工丹尼也因为操劳过度，吐血身亡了，在临死之前他指着屋顶，用微弱的声音喊道：“咳咳，上帝……上帝你在哪里？你是个彻头彻尾的大骗子……咳咳……整整

56 条生命啊……就这样没了……”

整个抢救工作不分昼夜地进行了 10 多天，采煤的工作受此影响停了下来，既然采不上煤来，工资也就没有了。村里的那点钱很快就都用光了。好心的丹尼斯太太继续烤面包赊给大家，可是她的面包店毕竟也是小本生意，没有坚持几天，本钱就耗光了，只好关门。

凡·高看在眼里，急在心上，他恨不得把自己身上的肉割下来，分给大家。幸好他的薪水及时地发放到了他的手中，他拿着那些钱，到瓦姆镇买了整整 50 法郎的面包，然后分给了大家，可是僧多肉少，这些面包只坚持了 10 天，整个瓦姆村彻底断粮了。

在整个过程中，公司一分钱也没有发给大家，而且还不时地催促人们赶快复工。瓦姆村的矿工们被激怒了，他们扔掉了自己的工具，决定罢工到底，为自己，为那些死难的人讨个公道。

时间一天天地过去了，村子周围的小兽被猎光了，可食用的野菜被采光了，最后连树皮都要没了。

一个年老的矿工找到了凡·高，对他说：“凡·高先生，丹尼离开了我们，现在大家最信任的人就是你了，我们想拜托您去镇上走一趟，探探矿上经理的口风，我们这样下去到底有没有用，我们是应该开工呢，还是应该再这样坚持下去。说实话，没饭吃的日子我们虽然能够忍受，但是孩子们却再也受不了了。我们等您一句话，您说让我们开工我们就开，您说让我们继续坚持我们就坚持，横竖是个死，我们听您的。”

凡·高肩负着村里人的使命，来到了瓦姆镇，找到了矿上经理。那个经理还认得凡·高，热情地接待了他。

当凡·高叙述完村子里的惨象以后，经理同情地说：“你说的情况我能够想象得到，对于那些没被挖出的尸体，他们的亲人肯定是非常气愤的，但是我们也没有办法，如果再这样挖下去的话，没有人知道要挖到什么时候。都这么长时间了，那些人肯定是死了，既然死了，死在哪里又有什么分别呢？对死人来说，一了百了，但是活人就不一样了，他们浪费了大量时间，这些时间够挖多少煤的？没有煤就没有钱，这个道理到哪里都讲得通。”

经理停顿了一下，拿起桌子上的一份文件对凡·高说：“请您转告那些矿工们，如果他们再不开工的话，矿厂即将倒闭，到时候他们再想开工也没有地方要他们干活了。”

“可是，能不能改善一下他们的工作环境呢？”凡·高竭尽所能，想帮矿工们争取些权利。

“一切都将是老样子，我们也无能为力。如果说真的要抱怨的话，让他们找那万恶的上帝吧，是他不睁眼。”

无情的事实击败了凡·高，他踉跄着走出了经理室，他不知道怎么向那些殷切地盼望着他的人们，转达经理的意思……

一段只需要一小时的路程，凡·高走了整整 5 小时，天黑的时候他才回到瓦姆村。看见等候在村口的矿工们，凡·高尽量用一种平静的口吻说道：“今天晚上，让我们为那些死者举行安魂仪式吧！”

一小时过去了，人们陆陆续续都到了凡·高的小屋。小屋里只有一盏小煤油灯，发出微弱的光芒，罩在 100 多个瓦姆村民的身上。只见这些人，由于连日来的饥饿、劳累，一个个骨瘦如柴、憔悴不堪、神态萎靡。

再看凡·高，他也好不到哪儿去。自从出事以后，他每天只是喝些咖啡、吃极少量的食物，今天本来积聚了一点能量，但是经理的那些话把那些能量都打散了，他现在连站的力气都没有了。

晚上 7 时，安魂仪式正式开始。凡·高用他那焦干嘶哑、狂热兴奋的嗓音讲话了，每一句话都在这寂静的屋中轰响，受着饥饿和挫折摧残的人们瞪大了眼睛凝视着他，好像在凝视上帝，又好像是穿透上帝凝视远方，一种空洞无助的表情雕刻在每个人的脸上。

正在这时房门被粗暴地撞开了，范登布林克校长和德容牧师闯了进来。

德容牧师看见凡·高裹着一件粗糙的麻袋依靠在角落里，发怒道："凡·高，你这是在做什么？"

"我们正在为那些死去的人们举行安魂仪式，您不想讲几句安慰的话吗？"

"你看看这些人，看看他们懒惰、愚蠢的模样，上帝当然要抛弃他们了。我才不会把我的同情心四处施舍呢！倒是你，凡·高，你在做什么！你到底明不明白你的使命？"德容用流利的法语质问着凡·高。

范登布林克校长撇了撇嘴，只说了一句话："对于这种无可救药的人，咱们不要多费口舌了。凡·高我正式通知你，你的临时任命取消了，你将不再是，永远也不会是一名福音传教士了。"

说完，他拉着德容离开了这里。

在场的瓦姆人被这个小小的插曲惊呆了，他们虽然听不懂法语，但是看刚才那两个人的表情，也知道他们同凡·高发生了不愉快的事情。

有人关切地问凡·高，要不要休息一下，安魂仪式要不要继续。

凡·高虚弱地对大家说："我们继续吧！"然后，他的热情像火一样地爆发了，继续他的讲演……

安魂仪式结束后，凡·高怀着沉重的心情，宣告了他今天所听见的一切，告诉大家"复工"吧！

说完这最后一句话后，凡·高彻底地抛弃了上帝，因为他根本是不存在的，或者说他根本不是为穷人服务的。

看着人们低着头，一声不吭地离开屋子，凡·高感觉自己的思想也随着他们离去了。他不再说话，不再吃东西，这种被信仰抛弃、欺骗的感觉让他的心由痛变得麻木。

这天过后，凡·高大病一场，幸亏丹尼斯太太及时赶到，才保住了他的命。凡·高又回到了丹尼斯太太的家，但是往日的凡·高消失了，现在的他只是一个行尸走肉般的躯壳。

瓦姆村的矿工们，又开始了一天 13 个小时的地狱般的工作，死亡的威胁时刻笼罩着这个不幸的村庄。

从事喜爱的工作

凡·高刚刚26岁，可是却经历了5次失败，恋爱失败、经商失败、攻读神学院失败、福音传道学校学习失败、临时教职失败，这一系列的打击，特别是最后的一次，使他觉得自己仿佛跌入了万丈深渊，眼前只有黑暗，没有希望。

泰奥多鲁斯牧师知道凡·高失去工作的消息后非常担心，他非常了解自己的儿子对上帝的那份信仰，如今信仰破灭了，可能对凡·高来说是个致命的打击，于是他写信给提奥，让他务必抽时间去看看自己的哥哥，最好能够把他拉回家中。

提奥心急如焚地来到了瓦姆村，看见骨瘦如柴没有一丝生气的凡·高，他的心隐隐作痛。他陪着凡·高去外边散步、尽量地开导他，告诉他除了上帝世界上还有很多值得他留恋的东西，还有很多他非常擅长的东西，譬如绘画。

可是凡·高对一切都置若罔闻，将这个昔日里最好的兄弟当作空气一般，除了和他争吵就是对他置之不理。最后，提奥只得留下些钱，失望地离开了。

提奥走了，凡·高的世界马上安静了下来，他开始懊悔对提奥的态度，提笔写信给他：

提奥弟：

感谢你百忙之中抽空来看我，虽然时间仓促，但能相聚几天，依然令我兴奋不已。人生的际遇千变万化，我们应该好好珍惜相聚的时光才是！

我何尝不盼望拥有亲情、爱情和亲密的友人！所以，你特地跑来看我，真使我高兴。

现在，我暂时不想回家，甚至，想一直留在此地。至于真正的目的何在，我也说不出来，这是我的缺点。

今后，我所要走的路无疑是困难重重，回想你不远千里来看我，真是非常感激。当然，我也想起我们的争辩，当时，我的确愤怒过一阵子，因为我不赞成你的意见。回顾我以往的所作所为，虽然横遭无情的打击，但我却问心无愧。

提奥弟，我想把自己的人生安排得更美好一些，你不认为我正在努力追求这个目标吗？追求比现在更好的生活，本就是人之常情。但若是为了追求这种目标而改变自己，岂不是贬低了自己？

倘若你认为，如果照你所说，我去做名片图案设计、会计员，木匠学徒、面包店员，或是遵照别人的指示去行事，我就可以变好的话，那你就大错特错了。

这时候，你也许又会说："你凡事要切合实际，不能整天糊里糊涂地过日子。"

其实，我不是一个懒惰者。倘若你认为我是这种人，那就太遗憾了。

小鸟蜕换羽毛时，会有一些苦痛；同样，一个人倒霉的时候，情形也是一样的。看起来似乎脚步不稳，殊不知也说不定从此会脱颖而出。

凡·高虽然在信中表现得很坚强，但是这次的打击对他来说真的是太严重了。他丧失了生活的目标。他每天除了吃饭、睡觉，就是睡觉、吃饭，对一切都提不起兴趣来。

时间飞逝，转眼秋天到了，凡·高的心情这时也好了很多，他开始四处漫无目的地去转转，呼吸呼吸外边的新鲜空气，整个人也变得有了笑容。

这天，他又来到了离矿井不远处的空地上，坐在那里，看着天上的白云发呆。忽然一阵寒风吹过，他打了一个喷嚏，下意识地把身上的衣服束紧了些。

这时，一个披着破旧麻袋的老人从远处走来，他一边走一边剧烈地咳嗽，那阵势看起来好像要将肺都咳出来一样。凡·高的心猛地抽了一下，老人慢慢地走近了，凡·高看见他身上的麻袋竟然是煤矿仓库里扔掉的装精炭的袋子，上面还印刷着“易碎品”三个字。

凡·高的心中充满了悲伤与愤怒，同时也掺杂着无奈。他不经意中摸到了衣兜中的一截铅笔和一封家书，他顺手掏了出来，在信的空白处，将老人那孤苦的背影画了出来。

傍晚他回到丹尼斯太太家，第一件事情就是把今天画的这幅素描整理出来。当他正聚精会神地将素描誊到一张大的画纸上的时候，丹尼斯太太来到了他的身边，看见那个可怜的老人发出了一声叹息。

凡·高回过头，冲丹尼斯太太不好意思地笑了笑，说道：“我随便画着玩的。”

“你画得非常好，怎么能说是画着玩的呢！我一眼就能看出他是个可怜的矿工。原来我的房客竟然是名艺术家啊!”

艺术家？这个称号对凡·高来说已经不是第一次听见有人这样对他讲了，提奥就曾经多次这样称呼他。

凡·高的心里隐隐约约觉得有种希望诞生了。

平常凡·高没事的时候还喜欢看书，最近他就迷上了一本《汤姆叔叔的小屋》。这本书写的是美国农奴的悲惨生活，凡·高是百看不厌。他觉得作者把书中的人物都写活了，一个个悲惨的景象像极了这里的一切。

今天，他听丹尼斯太太叫他艺术家，他突然又想到了这本小说，一个想法从的脑海里冒了出来：

“为什么我不学着像作家一样，把那些我看到的东西画出来呢？画是永恒的，它能够长时间的存在，也许我的画能够流传到那些有见识的人的手中，那时候这里的人们可能就会因此改变了生活。上帝是不存在的，我的画却是活生生的。对，我要去画画，去把世间那些疾苦画出来。”

凡·高的眼睛泛出了希望与自信的光芒，他忽然觉得一切又都充满了朝气，他觉得自己又活了过来。

凡·高把父亲和提奥寄给自己的钱规划了一下，他只留下刚够付给丹尼斯太太房租和伙食的钱，然后去了趟瓦姆镇，将其余的钱换成了纸和笔。

一切准备就绪，凡·高开始了自己新的一天。

他每天早上不到3时，就到矿井的门口，等待着矿工们上班。等矿工们一个个陆续地来了，他就摊开纸飞快地画起来。他往往只是画个草图，勾勒出大体的轮廓，等到人们都下井以后，他就回到丹尼斯太太家，将这些画都整理出来。

看着这些画，凡·高知道它们有个致命的缺点，那就是这些身体的比例方面肯定是不大对头的，但是他却不知道如何下笔去改正。在他的眼里这些人的比例虽然不对，可他们确确实实是博里纳日人，是那些刻骨难忘，闭上眼睛都能想象出来的博里纳日人。

在瓦姆村虽然有很多值得凡·高去描绘的人和景，但是这里却找不到一个能给他的绘画加以指点的人。

不能再这样盲目地画下去了，凡·高想到了皮特森牧师，他不仅是个善良的牧师，而且是个业余的画家，在他的家中挂了很多精美的作品呢！

“如果能得到他的指点，我的绘画水平一定会有大幅度提升的。”凡·高想到这里，马上找了几幅他自认为比较满意的作品，准备去布鲁塞尔拿给皮特森牧师看。

第二天一早，凡·高就起程奔向皮特森牧师家。从瓦姆村到布鲁塞尔的路程有80英里，每天都有往返的火车经过两地，但是为了节省路费，凡·高决定步行前往，他还暗自安慰自己：“走着去吧，路上遇见好的风景，还能够抓住机会将它们画下来呢！”

虽然说凡·高的想法不错，但是80英里的路程实在不近，当他到了皮特森牧师家门口时，他的一双布鞋都已经磨破了。

当皮特森牧师看到风尘仆仆、满脸憔悴的凡·高的时候，吃惊地说道：“文森特，竟然是你！天啊，你看你都成什么样儿了？如果是半路上遇见，我想我会认不出你的。”

凡·高不好意思地笑了笑。

皮特森牧师热情地将凡·高让进屋，又准备了热乎乎的洗澡水，对凡·高说：“孩子，先去冲个热水澡，然后睡上一大觉，不管什么事情，咱们都放到明天再说。”

听着这半命令式的语言，凡·高的心里热乎乎的，他点点头，顺从地按照皮特森牧师的吩咐洗澡、睡觉。

这可能是自从瓦姆村出事后，凡·高睡得最香的一个夜晚了，直到第二天上午 11 时，他才被饿得“咕噜咕噜”直叫的肚子给吵醒。

凡·高揉了揉惺忪的睡眼，发现在床边摆放着热乎乎的牛奶，还有一大盘的牛肉、奶酪和面包片。他不管三七二十一，拿起食物就往肚子里填。

一眨眼，一桌子的美食都被他消灭光了。当凡·高满意地擦了擦嘴，准备起身去找皮特森牧师的时候，他不经意地一抬头，发现皮特森牧师正站在门口笑盈盈地望着他。

凡·高充满感激地说道：“太谢谢您了，这顿饭是我吃过的最好吃的饭了。”

皮特森牧师慈爱地说：“文森特，你瘦了，肯定吃了很多的苦吧……”

凡·高知道皮特森牧师还在为自己被解雇的事情而难过，他说道：“皮特森牧师，我现在重新找到了生活的目标，那就是画画，我热爱画画，我觉得这种热爱远胜于对上帝的热爱。”

皮特森牧师听凡·高这么一说，脸上的神情轻松了很多。

凡·高继续说道：“我这次上您这里来，是想让您指点一下我的画。”

皮特森牧师听说画，兴致立刻上来了，他忙说：“快拿出来给我看看。”

凡·高将自己带来的素描作品拿了出来，递给皮特森牧师。

皮特森牧师举着画端详了很久，说道：“你的画缺少基本技法的训练。画人物应该讲究比例。比如这个女人。”

说完，他拿起笔，在凡·高的画上改了几笔，瞬间，整幅画由一个不太合乎绘画基本规则的拣矸石的老妇人变成了一个完美无缺的女子在拣矸石。

改完画，皮特森牧师先是满意地点点头，可是在他盯着看了一会儿后，他又使劲地摇了摇头，嘴里还叨念着："不对，不对。"

他又拿凡·高的其余作品，和这幅进行了一下比较，说道："真是奇怪。你的画比例完全不对，但是却画出了一个个活生生的人物。我改完后的人物虽然比例对了，但是却全然变了模样。为什么呢？"

皮特森牧师又仔细研究了一下这几幅画，他忽然一拍脑门说道："我明白了，文森特，你画的不是人，而是一个个的灵魂。你有一种说不出的天性，你能够捕捉到一种能动人心魄却无形的东西。我终于明白，我为什么只能是业余画家了，因为我缺少了这种天性。文森特你拥有了成为一名艺术家最基本的条件，如果能学习一下基本的技巧，我相信你会是荷兰，甚至全世界最伟大的画家之一！"

听完皮特森牧师的评价，凡·高的脸因为激动而变得通红，他不相信地问道："皮特森牧师，您说得是真的吗？您没有敷衍我吗？"

"我说得都是真心话，文森特相信你自己的选择吧，用笔画出你所想画的东西，我相信那将成为永恒。"

此时，凡·高的心中充满了骄傲与希望，他坚定了自己从事绘画事业的决心。

在临别之时，皮特森牧师要了凡·高的一幅画，并表示要把它挂在家中最显眼的地方。这是对凡·高最大的认可。

凡·高满载着希望告别了皮特森牧师，奔向了前方。

坚定人生目标

凡·高从皮特森牧师那里回来以后，以前所未有的热情投入到绘画当中。他给提奥写信说：

> 如果我什么都不做，如果我不学习，如果我不继续追求，我就会被人生抛弃。到那种时候，我就会觉得痛苦无以复加。我就是这样来看待这一切的。坚持下去，不要退缩，这就是必须要做的事情。
>
> 但是你要问：你的明确目标是什么？这明确的目标会日益显现，会缓慢地不容置疑地显现出来，就如草图变成素描，素描变成一幅图画一样，但这变化是渐次进行的，要通过对作品付出严肃认真的劳动，通过对稍纵即逝的意念和构思的仔细斟酌及至其成熟为止。

凡·高意识到了绘画对他人生的重要性。他不仅要求提奥给他邮寄些画片来，而且还给在海牙的古比尔特画廊的经理特斯蒂格先生写信，问他能否将巴格的《素描习作》寄一本给他。

很快，提奥寄来了《田间劳作》，特斯蒂格先生寄来了《素描习作》还有巴格的《绘画技术探索》。凡·高如获至宝，每天除了对着那些矿工们进行绘画，就是对着这些名作进行临摹。

所有的痛苦与不快，都离凡·高远去了，现在留给他的是满腔的热情，还有充沛的精力。他终于从颓废中振作了起来，他给父母还有提奥分别写了一封信告诉他们：

我希望能够成为一名艺术家，用画笔来表现生活的各个方面。我认为，这也是一项很高尚的事业，希望你们能够支持我。

泰奥多鲁斯牧师接到这封信后，想起了自己很久以前的担忧。那时候凡·高还很小，但是他的绘画天赋已经显露，当时泰奥多鲁斯牧师就极为不赞赏凡·高学画，因为他怕凡·高会像伦勃朗那样，最后穷困潦倒。这种担忧没想到竟然成为了现实，凡·高竟然在绕了很多弯以后，还是决定当一名画家。

泰奥多鲁斯知道提奥和凡·高的感情最好，于是写信给提奥：

提奥：

劝劝文森特，让他离开矿区，到巴黎或者其他城市找个稳定的工作吧！做艺术家，那是一条很危险的路。你也知道，很多艺术家生前的日子是多么悲惨！

我已经是风烛残年，不能永远帮助他，我有一个愿望，那就是看到他过平稳的日子。你们兄弟两个感情最好，他信任你，你就替我劝劝他吧！爸爸恳求你。

提奥接到信后有些为难，因为他觉得凡·高的选择是对的，可是他又不忍心拒绝爸爸，思前想后，他决定再去趟瓦姆村，见到凡·高再最后做决定。

当提奥到达瓦姆村的时候，已经是深夜了。他来到凡·高新租下来的画室外边，为了更好地绘画，凡·高离开丹尼斯太太家，租了村子里最宽敞、安静的房子作为画室。提奥看见那里的灯光还亮着，凡·高正在那里聚精会神地涂描着。

虽然只有几个月不见，但是凡·高又瘦了很多。他的脸没洗，头没梳，红红的胡子满脸都是，不知道多少天没刮了。再看他的衣服，更是脏乱不堪，到处可见铅笔画过的痕迹。

提奥见凡·高这么认真，就没打扰他，而是静静地站在门外，直到看见凡·高满意地抬起头，伸了个懒腰。提奥知道凡·高画完画了，于是“当当”开始敲门。

凡·高打开房门，看见提奥，高兴得一把搂住了他，激动地说：“提奥，你怎么来了？想死我了。”

提奥回抱了一下凡·高，疼惜地说：“哥哥，才几个月不见，你怎么这么瘦了？你看你的眼睛熬得通红，是不是很长时间没有合眼了啊？”

凡·高毫不在乎地说道：“我找到了些灵感，结果为了抓住它，一不留神竟然一天一夜没合眼了。这不碍事的，我经常这样。别说我了，快说说你吧，你怎么来了？你在巴黎还好吧？”

面对一连串的问题，提奥一个也没有回答，他在屋中转了一遭，问道：“你的食物都放哪儿啊？你睡在哪儿啊？”

凡·高指着角落中的一个草席说：“我的床就在那里，至于食物嘛？”他边说边往四周看了看，结果扫见了一块黑面包，指着说道：

“我的食物在那儿。”

“难道你就天天睡在那里？吃那些东西？”

“对啊！这样就能节约更多的钱，买笔和纸。我觉得蛮不错的。”凡·高扬扬自得地回答道。

提奥看见自己最亲的哥哥受这么多苦，他心疼极了。他紧紧地抓住凡·高的手说：“哥哥，不要再为省几个钱委屈自己了。我现在已经升官了，能够支付咱们两人的开支，从今以后，你的生活费用由我来承担。”

听了提奥这番肺腑之言，凡·高的眼圈红了。最近，由于增加了房租这项费用，他虽然在食物上省了又省，但还是常常要饿肚子。每当这个时候他就去画画，画着画着，他就会忘记饥饿。

现在好了，提奥说提供他钱财，终于不用再向白发苍苍的父母要钱了。当然了，也不能让提奥这样养着自己，凡·高保证道：“我不会白白拿你的钱，我也会用我的画作为抵偿的。对了，提奥，你相信我的画，有一天能够值很多很多钱吗？”

既然凡·高提到了绘画的问题，提奥趁机把父亲的意见告诉了他：“哥哥，爸爸写信对我说，让我劝劝你，找一个稳定的工作。绘画虽好，但是那些艺术家们在生前的日子太悲惨了。爸爸希望你一生幸福。”

凡·高望着自己的画，说道：“提奥，你的意思我明白，爸爸的好意我也懂，可是我觉得只有在绘画中我才能够得到幸福。我热爱这个事业，愿意为它付出我的所有。”

听凡·高这么说，提奥觉得哥哥的身影变得高大了，这不再是个普通的人，而是一个为了艺术而想献身的艺术家。

提奥说道：“我支持你。从小时候我就觉得你长大后会是一位艺术家，我相信你的才能。”

得到了自己的弟弟，也是自己的知己的支持，凡·高高兴地说：“在画中，我能够找到一种说不出的快乐，这种快乐胜过一切。真奇怪，我以前怎么就没发现呢？为什么要走那么多的弯路啊！”

“现在找到目标也不晚啊！”

“可是爸爸那边，你怎么说啊！”

“我想我向他们承诺，我会一直支持你，直到你能够自己养活自己。这样，他们就不会再担心你的生活了，也就不会再阻止你画画了。”

“这个主意应该能行得通。可是，提奥，那以后就要多辛苦你了。”

“没什么，我的志愿就是当一名成功的画商，我这样做，就当是提前收购你的画吧！当然了，你也要努力啊，不能让你的弟弟赔钱啊！”

提奥虽然是在开玩笑，但是凡·高仍然很郑重地点了点头，他说：“你放心，我会尽自己最大的努力，相信我，会成功的。”

提奥也一脸严肃地说道：“让我们一起努力，一起成功吧！”

第二天一大早，提奥就到镇上买了很多好吃的，然后回到凡·高那里给他做了一顿丰盛的午餐。

看着凡·高狼吞虎咽的样子，提奥不知道有多心疼，他对凡·高说：“哥哥，和我回家吧！你回家也能画画的。”

“可是，那里没有这么多的题材啊！”

“山美水美，没有家乡美！再说，爸爸妈妈都非常想你。”

说到父母，凡·高有点心动了。可是他还是有点舍不得这里。

提奥接着说："我知道你喜欢这里，可是这里的人都不懂得画画，你的水平难以提高。为了你的事业，听我的，离开这里吧！对了，你可以先去布鲁塞尔，那里有学校教画画，而且还是免费的。"

这下，终于把凡·高说动了。

第二天，凡·高和提奥一起离开了这个充满苦难的矿区小村庄。虽然凡·高离开了这里，但是他却把这里永远地留给了世界。

获得家人的支持

凡·高和提奥来到了布鲁塞尔，他们找了个专门教大家画画的学校，并在附近租了间房子安顿了下来。一切安排妥当后，提奥回巴黎去了。凡·高开始了他的学习生活。

由于以前没受过正式的绘画训练，所以凡·高付出了比别人多10倍的努力。他日以继夜、夜以继日地钻研着绘画技巧。正如法国画家加瓦尼所告诫的："一天也不要停笔！"

这期间凡·高临摹了米勒的不少名作，读了约翰编写的《画家实用解剖图》，对书中的许多人体骨骼图进行了临摹。除此之外，他还画人物，画山水，画一切他认为美的东西。

不知不觉中，半年过去了，他的进步很快，布鲁塞尔绘画学校的老师们对他说："你在这里已经学到了你要学的东西，你应该做些绘画练习了。"

凡·高本来想再在这里待些时日，但是这里的绘画成本实在是太高了，最后他选择去埃顿，回到父母身边。毕竟那里有亲情，而且也有很多的素材值得他去描绘。

当凡·高风尘仆仆地回到家中时，大家是又惊又喜，惊的是才两年没见，他竟然苍老了很多，消瘦了很多；喜的是他终于回来了，有什么比一家人团聚在一起更让人高兴的呢？

刚到家的几天，家里人回避谈及凡·高穷困潦倒的境况，只是用食物和亲情使他在身体上和精神上得到恢复。他在盖有茅草屋顶的农舍之间的荒地上徘徊，观看樵夫在一片树木被砍倒的松林地上忙碌不休；他在通往罗森达尔的大路上漫步，在耶稣教会的谷仓以及对面的磨房所在的一片草地上和教堂的院子里的橡树间穿行。

在瓦姆村的往事渐渐地被遗忘，凡·高的健康和体力也很快恢复了过来。泰奥多鲁斯看见凡·高的脸上又显出了红润，觉得是时候和他谈一谈了。

泰奥多鲁斯让凡·高坐到他的面前。和蔼地说道：“听提奥讲，你决定将绘画作为你的终身事业了？”

凡·高点点头，回答道：“是的，爸爸。我热爱绘画，从很小的时候我就已经开始热爱它了，在我成长的历程中，这种热爱从来也没有离开过。我知道自己走了很多的弯路，因为那时我还没有看清楚我究竟想到做什么。当时画画的念头，就曾经不止一次地从我脑海中蹦出来，可是都被我极力抑制住了。现在想想，当初的我是多么的愚蠢啊！”

“孩子，你知不知道作为一名艺术家需要付出很多的艰辛，而且生活可能非常穷苦，甚至连饭也吃不上啊？”

“这个问题我已经很认真地考虑过了。不错，很多的艺术家在他们生前都穷困潦倒，但是他们并没有放弃对自己事业的热爱，一直坚持了下去。我想，我也会的。在绘画中我找到了一种前所未有的快乐，这种快乐绝不是用填饱肚子所能代替的。再说了，提奥已经答应我，会一直资助我的，直到我的画能够卖到一个好的价钱，能够养活自己为止。”

“这次，你是决定了吗？不会再改变心思了吗？”

“爸爸，我不会的，这次再也不会了。绘画将是我余下生命中的全部。”

泰奥多鲁斯看着凡·高坚定的表情，知道自己再多说也是无益的，于是祝福道：“文森特，我这一生最大的心愿就是看到你快乐，既然绘画能够使你快乐，那么我也就不再阻止你。我相信你能够成功的，能够成为咱们凡·高家族的骄傲的。”

听了父亲这番鼓励的话语，凡·高也激动了起来，他紧紧地握住了泰奥多鲁斯的手，郑重地说：“爸爸，您放心吧，您的儿子一定会成功的。”

正在这时，安娜从屋外拿着封信，兴冲冲地走了进来。她挥舞着信，冲凡·高宣布道：“我的姐姐来信了，她在信上说她的女婿，也就是你的表姐夫安东·毛威，现在是一名大画家，他的每件作品都能卖到五六百个荷兰盾呢！”

“真的吗？”泰奥多鲁斯一听也来了兴致，连忙问道：“这也就是说，绘画也能够养家糊口？”

“当然了，不仅是养家糊口那么简单，如果画画得好，成为百万富翁也不是没有可能的。”

“这么一说我就放心了。”泰奥多鲁斯拍拍胸脯，扭过脸对凡·高说：“听见你妈妈的话了吗，你可要努力啊！”

凡·高高兴地点点头，冲他们说道：“你们放心吧！我上楼把我的画拿下来给你们看看！”

说完，凡·高兴冲冲地上楼了，将他的得意之作拿下来，递给了安娜。安娜拿着凡·高的画，左看看右看看，不解地问道：“亲爱的，这些人的脸呢？我怎么一点儿也看不出来啊？”

“哦，妈妈，我对他们的脸不感兴趣，我感兴趣的只是他们的体形。”

“可是，脸你一定也会画吧？我相信，这里的山美水美，人更美，一定有很多漂亮姑娘乐意让你画她们呢！”

“我才不喜欢那种千篇一律的美呢，多没内涵啊！”凡·高小声嘀咕着。

安娜陷在自己的兴奋中，没有听见凡·高的话，她继续说道：“总有一天，我的儿子会成为一名出色的艺术家，到时候，我就能骄傲地对所有的人说：‘你们认识文森特·凡·高吗？那是我的儿子！’”

想着那令人振奋的场面，安娜自顾自地笑了。

看见妻子这么高兴，泰奥多鲁斯叮嘱道：“文森特，你一定要努力啊，千万不要让我们失望。”

从那以后，家里人给予凡·高最大的支持，除了义务为他当模特外，还专门腾出了一个房间，作为他的画室。

但是这里的村民们，对凡·高的态度并不十分友好，他们认为泰奥多鲁斯牧师家的这个红头发的家伙，整天游手好闲，拿个画架四处乱逛，像个疯子一样，大家都对他敬而远之。

凡·高从小就很孤僻，喜欢独来独往，所以对村民的态度一点也不放在心上，他依然我行我素，四处画画。

日子过得忙碌而愉快，他已经第三遍临摹巴格的画了，从不同角度画了手拿铁锹的掘地者、播种者、倚着牧羊棍的羊倌、生病的老农等等。凡·高要把他在野外看见的每个干力气活的工人、农民都画下来。

他写信给提奥，诉说自己绘画的情景：

只要天不下雨，我就每天都到野外去。我画了不少野外的房子和茅屋。同时，也画茅屋对面的牧场、水车、教堂院子里的大树、宽阔的地面、匆忙工作的木工，此外也画马车、马房和手推车等。

那幅《木工》画得最令人满意，想必你也一定会欣赏的。

我买了一册卡萨纽著的《水彩画指引》，不停地加以研究，获益不少，例如远近法，我已经学以致用了。

我想告诉你的是，我的速写和绘画技巧居然有了变化。《耕作者》这幅画，我曾从各种不同角度来画它，至少画过5次；《播种者》也画过两次；《拿扫帚的少女》也画过3次。

此外，我又画了《戴白帽子的少女》、《生病的农夫》、《饲羊》等作品。

当然，我不会因此而满足。矿工、播种者、耕作者……我要不断地把这群人生活的真实状况描画出来。

一个夏天就这样悄悄过去了，凡·高看一看自己的画，已经是厚厚的一摞了。

“如果我继续这样画下去，恐怕也得不到什么提高了，我应该找个人给我指点一下，只有那样我的画技才能有所提高。”

在晚饭时，凡·高将自己的想法向父母说了。

泰奥多鲁斯沉思了一下，说道：“去巴黎吧！提奥在那里，肯定认识很多的画家，那会对你有所帮助的。”

“可是我的画现在还很不成熟，拿到那里只会让人笑话，我想我还是先找个熟悉的人指点一下，我想等我的水平再提高些，再去巴黎。”

安娜这时插嘴道：“那你就去海牙吧，你的表姐夫安东·毛威就是一名大画家，他肯定愿意指点你的。”

“对，妈妈提醒了我。去海牙，那里不仅有安东·毛威，而且还有老朋友特斯蒂格，我想他们都会给予我帮助的。”

第二天，凡·高充满期待地奔向了海牙，那个艺术家汇集的场所。

得到行家的认可

海牙也许算得上是欧洲最清洁、最文明的城市了，它有着真正的荷兰风格，简单、朴素而又美丽。干净的街道上枝繁叶茂的树木排列成行。房屋都是用整齐讲究的砖砌造的。房子前面有精心修整的小花园，玫瑰花和天竺葵在园中竞相开放。

这里看不到贫街陋巷，也没有任何由于疏忽而留下的难看刺目之物，一切都保持了与荷兰人那种经济而有效的禁欲主义观念相称的样子。

凡·高再次来到海牙心情是激动的，在这里他曾经度过了一段美好的时光。

远远地望见古比尔特公司的高楼，往事虽然历历在目，但是心情却大不一样，以前他是画廊里的一名职工，现在他正努力成为画廊中作品的作者。

凡·高整理了一下自己的行头，怀着紧张而又期待的心情踏进了公司的大门。

“下一时刻，就能看见特斯蒂格了，就能知道自己的作品究竟到了什么层次了。”怀着这种复杂的心情，凡·高的脚步也变得沉重了起来。

特斯蒂格先生是海牙美术学校的创始人，是荷兰著名的画商，也是公认的美术评论界权威人士。一幅画的优劣在众说纷纭的情况下，往往请出他来，一锤定音。

当他接替文森特·凡·高，担任古比尔特公司经理时，荷兰那些新近的年轻艺术家还分散在全国各个角落：安东·毛威和约瑟夫住在阿姆斯特丹，雅各布·马里斯和威廉·马里斯兄弟在外省，而约瑟夫·伊斯雷尔、约翰尼斯·包斯布姆和布洛莫斯还在城镇之间到处流浪，没有固定住所呢！

特斯蒂格非常有远见地看见了他们的潜力，他写信邀请大家聚集到海牙，希望通过大家的共同努力恢复荷兰绘画在弗朗士·哈尔斯和伦勃朗的时代曾经所享有的世界声誉。

经过他的不懈努力，几年间，那些被他所看好的年轻画家都聚集到海牙定居，并且在绘画方面的才能也得到了世人的认可。

特斯蒂格曾经说："我，作为批评家和推销商，就有责任照料这些优秀的年轻人，不让他们永远埋没在尘世间经受贫苦、冷遇和挫折的煎熬。"

他说到做到，在这些年轻的画家们还默默无闻的时候，他买他们的油画，评价他们的作品，把他们引荐给他们的画家同行，鼓励他们度过艰苦的岁月。

可以这么说，海牙派的年轻画家是经过特斯蒂格的手成长起来的，没有特斯蒂格，这些人也许会被埋没很久，也许根本就不会被世人所发现。

凡·高和特斯蒂格是老朋友，而且曾经是很好的朋友，所以他现在迫切地想看到他，希望得到他的认可。

当凡·高敲开特斯蒂格办公室的大门，特斯蒂格有些吃惊，他不明白为什么才短短 8 年不见，凡 · 高竟然苍老了至少 10 多岁。

凡 · 高看见特斯蒂格也有些吃惊，为什么都 8 年没见了，眼前这个人还像以前那样年轻。

两个人除了外表的差异外，心境也发生了巨大的变化，以前的友谊在他们中间已经荡然无存了。

特斯蒂格同凡 · 高寒暄了几句后，直接问道："文森特，你来我这里有什么事吗?"

凡 · 高有点儿不好意思地回答道："哦，是这样的。首先，对你以前给我的帮助，我要表达我最真切的谢意；其次，我想让你指点一下我的画。"

"嗯，好吧，那就让我看看。"

凡 · 高把他临摹的作品递给特斯蒂格，心情紧张地等待着他的宣判。

过了半晌，特斯蒂格把画交还给凡 · 高，说道："你的这些画，总的来说是进步的，譬如这张，它的阴影处理得就很对。"

凡 · 高听到特斯蒂格的话，非常高兴，他的努力没有白费。

特斯蒂格继续说："你不要高兴得太早，你的临摹只能说明你努力了，是进步的，但是还差得很远。"

凡 · 高又拿出了自己的素描作品递给特斯蒂格，"看看这些吧，这是我自己的作品。"

特斯蒂格一张张慢慢地翻动着这些作品，一种可怕的寂静在空气中蔓延。凡 · 高神色紧张地站在一边，他的手放在胸口，怕剧烈的心跳声惊动了特斯蒂格的思路。

过了很久，特斯蒂格翻完了最后一张画，他轻轻地闭上了眼睛，摇了摇头，说道："这些画，不能说是一无是处，但是你还要努力。

我个人认为你的作品还差得很远，我希望你能够多做些临摹，努力提高一下你的技巧，至于自己创作，还是先放一放吧！”

“也就是说这些作品全都不行？一幅好一点儿，就好一点儿的也没有吗？”凡·高急切地问道。

特斯蒂格望着窗外，用沉默代替了自己的回答。

凡·高有些沮丧，但是很快他就将情绪调整了过来，毕竟特斯蒂格说他的画是有进步的。

凡·高试探性地问道：“我想来海牙学习绘画，你看这个主意怎么样？”

特斯蒂格没有正面回答他，只是模棱两可地说：“海牙是个好地方。但是，这里是否会比其他的地方好呢，我就不敢说了。”

凡·高起身告辞，对他而言，此行的收获不小。

“我的画有进步了！”凡·高信心十足地向毛威家走去。

毛威是个脾气古怪，而又非常珍惜时间的人。他从姨妈安娜的来信中得知表弟文森特要来这里，提前对妻子杰特说：“你知道我的脾气的，如果这个表弟不是绘画的材料，到时候你可不要埋怨我冷落他啊！”

正说着，一阵“咚咚”的敲门声，凡·高来了。

寒暄过后，毛威单刀直入，对凡·高说：“给我看看你的画吧！”

凡·高将那幅得到特斯蒂格赞赏的画摆在最上边，递给了毛威。

毛威只是快速地扫了几眼，然后不耐烦地说道：“这些都是些临摹的作品。总是临摹怎么行呢，即使临摹得再好，也不是自己的东西。你有没有自己的作品？”

凡·高连忙从一叠作品的最底层抽了几幅画，递给毛威。毛威开始还是像看临摹作品那样随便扫上几眼，可是越到后面，他的神情越专注，双眼开始闪烁出兴奋的光芒。

毛威一手拎着凡·高的一幅素描，一手拉住凡·高，对他说："走，去我的画室。"

说着便不由分说地拉着凡·高就走。到了画室，他径直走到自己的一幅没完成的画作面前，"刷刷"地改动了几下，然后满意地点了点头。

直到这时，凡·高才从毛威粗鲁的举动中清醒过来，他环视了一下四周。

这里很宽敞，摆着画的画架散立在一方德文特出产的厚厚的地毯上。满墙都挂着习作，一个角落里放了一张老式桌子，桌前有一小块波斯地毯。北面的墙有一半是窗户。书籍凌乱地放在各处，所有能放东西的平面上都是画家的画具。

"我亲爱的文森特，你的作品帮了我个大忙。我终于找到了这幅画的瑕疵之处……"

毛威停顿了一下，接着说："你的作品我看了一下，客观地讲，它们并不是最好的，但是在这些画中却能够找到一种真实的情感。这些画，画出了灵魂。"

凡·高紧张而又兴奋地听着毛威的评论，他连大气都不敢出，生怕错过了其中任何一句话。

"回去租一间画室吧，要尽快开始着手画色彩画。我相信你一定会成功的，努力吧！"

凡·高听了这些话，激动得半天也没说出话来。

"毛威，安东·毛威，说我会成功的！"这些鼓励的话，对凡·高来说简直比世界上任何的语言都要动听。

毛威看到凡·高激动的样子，笑了笑，说道："我要出趟远门，可能要在冬天的时候才能够回来。如果你愿意，到那时候来找我吧，我想我也许能够对你的绘画帮上一些小忙的。”

凡·高乐得简直要蹦起来，“毛威答应帮我了！”他最后还是忍不住，欢呼了一声。

凡·高仿佛看见了美好的明天。他觉得一切的苦难都在离他远去，明天会更美好。

爱上了表姐

当凡·高怀着喜悦、自信的心情回到家中，他刚要大声宣布他此行的收获，母亲安娜向他做了个安静的手势。

凡·高压低了声音问道：“妈妈，发生什么事了?”

“你的表姐凯，带着孩子来了。她们正在休息。”

“凯来了?”凡·高高兴地提高了声音重复了一遍。

“看你高兴的。”安娜笑着捂了一下凡·高的嘴，示意他小声点儿，随即脸色一沉，用一种哀痛的声音说道，“这个可怜的孩子，年纪轻轻的，丈夫就去世了，让她以后怎么过啊?”

“您说什么?凯的丈夫死了?”

“是啊，半年前去世的。凯到现在还沉浸在悲痛中无法自拔，所以才到咱们这里来散散心。你要好好陪陪她，多开导开导她啊!”

“遵命。”凡·高顽皮地说道。他的心里这时乐开了花，“凯现在是一个人了，太好了!”

在4年前，凡·高初见凯的时候就对她怀有好感，觉得她是一个既美丽大方，又善解人意的女人。如今她恢复单身了，凡·高对她的爱一下子从心底冒了出来。

晚饭的时候，凯领着她的儿子简从楼上走了下来。凡·高瞪大了眼睛盯着凯，发现她整个人就像被抽空了一样，她欢快的情绪，她的热情和活力已经踪影全无。甚至连她那头带着温暖光泽的秀发也仿佛失去了光彩，她的椭圆形的脸蛋变成了一张细长的苦行者的面孔，她的蓝眼睛像充满无穷忧思的深深的黑色水潭。

虽然活力四射的凯没了，但取而代之的却是一种散发着成熟魅力的凯，这个凯比以前的凯更美，更有内涵。

凡·高礼貌地向凯打了个招呼："凯，见到你真是太好了。"

"我也是。"凯的声音虽然还是那么甜美，但是却是空洞的。

凡·高看见凯这种萎靡不振的模样，觉得自己有责任让她快乐起来。母子连心，凡·高把目光放在了简的身上，他觉得只要简高兴了，凯也会快乐。于是他分外殷切地抱过了简，给他讲笑话，逗他开心。

这一招果然奏效，看着简天真烂漫的笑容，凯的脸上终于露出了一丝微笑。

看见凡·高和凯母子相处得如此融洽，安娜说道："文森特，我决定把凯交给你了，你带她们四处转转，让她多笑笑。你看她都憔悴成什么样子了。"

这个命令对凡·高来说，简直是求之不得的。他连忙答应了下来，并保证会让凯和简天天开心。

得到了母亲的许可，凡·高带着凯母子去野外画画。他支起画架作画，简在沙土地上玩耍，凯坐在他身边看他作画。那场面其乐融融，像极了一家人。凡·高的心中涌现了一种前所未有的温暖。

他暗想："如果我们真的是一家人该多好啊，我会很爱很爱凯，很爱很爱简。我要努力作画，好让他们生活得美满幸福。"

在爱的激励下，凡·高的激情喷涌，他使出浑身解数，一连画了好几幅。到了中午，3个人围坐在一起，吃从家中带来的丰盛的午餐。凡·高一边吃，一边给简讲故事，讲到兴起时，他还像个孩子一样加上各种表演，逗得简笑个不停。

凯温柔地注视着凡·高和简，她的目光在两个人之间游离，她仿佛看见沃斯又回到了自己的身边，嘴角不知不觉地咧开了。

凡·高被凯这种自然流露出的笑容，深深地迷住了，他停止了所有的动作，目不转睛地盯着凯。

"妈妈"，随着简的一声呼唤，凡·高和凯才从各自的遐想中回过神。

"简，怎么了?"凯慈爱地问道。

"我困了，我要睡觉。"

"那好吧，到妈妈这里来。"

"不，我要文森特舅舅陪我。"简走到凡·高的身边，拽住凡·高的胳膊说道。

"简，不要胡闹，文森特舅舅还要画画呢!"

凡·高一把搂住简，冲凯说："没关系的，让我陪他好了。难得我喜欢简，简也喜欢我。"

看见简赖在凡·高的身上，凯只好默许了。

凡·高搂着简，轻轻地给他哼着小曲儿，简很快就睡着了。凡·高感觉自己仿佛真的成了这个孩子的父亲，一种父爱在心中蔓延，他偷偷地望了一眼凯，看见凯空洞地看着前方，若有所思。

"又在想沃斯了，真该死!"凡·高的心中嫉妒得发狂，他暗暗下决心，"我一定要让凯爱上我，一定。"

时间一天天地过去了，凯和简每天都陪凡·高去野外画画，3个人在不知不觉中都发生变化。凯变得开朗了，脸上也露出了笑容；简变得越来越依赖凡·高，吃饭、睡觉都要他陪；而凡·高则变得文质彬彬，富有绅士风度。

安娜看见他们的变化，高兴地给姐姐写信，称赞凯来这里是多么的明智！

转眼到了深秋，离和毛威的约定已经时日不多了。凡·高暗暗着急，他想向凯表白自己的心意，但是又怕遭到拒绝。

这天，3个人又去了野外。凡·高给自己鼓气说："今天，一定要向凯说，文森特，放心吧，凯也是爱你的，而且简是那么的依赖你，一切都会成功的。好运！"

中午吃完饭后，简枕着凯的腿睡着了。凡·高鼓起勇气说道："凯，我，我爱你！"

如此赤裸裸地表白，把凯吓了一大跳，她吃惊地看了凡·高一眼，一本正经地说道："文森特，我不希望再听见你和我开这样的玩笑。"

此时凡·高的情绪正在高涨，他突然跪在凯的面前，紧紧地握住凯的手说："不，我没有开玩笑。我说的都是真的。凯，相信我，我是真的爱你！我会像沃斯一样，不，会比他更爱你和简的。"

凯惊慌失措地使劲甩开凡·高的手，嚷道："不，你不能和沃斯比，永远都不能！"

说完，她抱起熟睡的简，疯了似地跑开了，一边跑一边喊："不，永远也不！"

听到这几个字。凡·高的头像要炸开了一样，他使劲摇晃着自己的脑袋，想把这几个字驱逐出去，他不明白为什么他把一个男人能够给予女人的最难得的、最珍贵的东西真诚地献给了她，而她却惊慌失措地跑掉了。

凡·高回到家中，面临的是一场急风暴雨，父母的指责声在他耳边不断地响起，凡·高最后忍无可忍地吼道："我没有错！爱上凯，是最纯洁、最美好的！我没有错！”

“你那是……乱伦！”泰奥多鲁斯气得话都说不太利索了。

凡·高捂住耳朵，一边喊“我没错，我没错”，一边跑进自己的房间。

他坐在床上将他和凯的事情想了很久，等心情逐渐平静后，他提笔给提奥写了一封信：

提奥弟：

想象中的事终于发生了。

今年初夏，我似乎深深爱上了凯，无法自抑地将情感投注在她的身上。不料，她却毅然回答：“不，永远也不！”

碰到这种情形我该怎么办呢？倘若还有一线希望，是该灰心，还是该继续追求下去呢？

我选择了后者，我不会放弃这个想法，凭自己的本性也不会放弃。我要拼命用功，实现自己的愿望。自从见过凯之后，我的工作境况也突飞猛进了。

有了明确目标的凡·高睡了个美美的觉，他觉得一切在他醒来之后都会变得不一样，到时候凯会小鸟依人般地偎依到他的身边，简会搂着他的脖子，高兴地叫他爸爸，而自己的父母也会抛弃那些陈旧的思想来祝福他们的。

第二天早上，凡·高神清气爽地向安娜打了声招呼：“妈妈，早！”

安娜也没有提及昨晚的事，平静地说：“早！”

凡·高觉得一切都在像他想象的那样发展，他欢快地问道：“妈妈，凯呢？怎么没见她？还没起床吗？”

“她带着简坐最早的车回阿姆斯特丹了。”

“什么?”这个消息，对凡·高来讲莫过于晴天霹雳，他不安地来回踱着步，“不，这不可能。凯怎么会走呢?她还没有答应我呢!”

安娜看见凡·高执迷不悟的样子，无奈地说：“她不是已经明确地回答你了吗?她还没有忘记沃斯，她不爱你，文森特，醒醒吧!”

凡·高没有搭理安娜，飞也似的跑向火车站。可是早班的火车早就已经发车了。

凡·高垂头丧气地回到家中，每天都给凯写情书，他实在不愿相信这一切都是真的，他还在努力争取。

情书虽然写了很多，但是都原封不动地被退了回来。凡·高还是不死心，最后竟然跑到了阿姆斯特丹去找凯。

曾经是那样慈祥、温和的斯特里克姨父现在看见凡·高脸一下子就沉了下来，他严厉地问道：“你来干什么?”

“我想见见凯。”凡·高请求道。

“她不在家。”斯特里克依然是那么冷漠。

“这么晚了，她一定在家的。”凡·高的执拗脾气又上来了。

斯特里克不耐烦地看了他一眼，话都没说，直接就想关门送客。

凡·高急了，伸手抓住身边的灯罩说：“我的手要伸进灯罩里。让凯出来见我吧!”

斯特里克瞧了他一眼：“精神病!”

凡·高被激怒了，把左手毅然地伸进了灯罩里。斯特里克急忙把灯熄灭，骂道：“你这个浑蛋，快滚。凯再也不愿见到你！我也是!”

说完，把凡·高推了出去，“咣当”一声，把门反锁上了。

凡·高的心情坏到了极点，他觉得整个天都塌了下来，所有的人都唾弃了他。

一向慈爱的泰奥多鲁斯牧师，这次也没有原谅他，认为这个儿子不仅不争气，而且还不道德，简直把凡·高家的脸都给丢光了。

凡·高陷入了众叛亲离的局面。为了逃脱这个压抑的环境，凡·高在12月就起身去投奔毛威，只有在那里他也许才能够找到一丝安慰。

好事连连

凡·高怀揣着一颗破碎的心来到了海牙。幸好，毛威提前回来了，才使他不至于扑空。

毛威看见凡·高的左手裹着厚厚的纱布，关心地问道："怎么受伤了?"

凡·高的心里一酸，这是他听到的最温暖的话了，但他没敢直说，撒谎道："不小心电了一下，没事的，快好了。"

"幸亏是左手，要是右手就会耽误画画，那时可就亏大了。"毛威开玩笑地说。

凡·高的心到这时还在一阵阵的痛着，但是他努力将感情甩开。

毛威继续说："我们从油画开始画起吧，但是你需要先有间画室，画室对画家来说是至关重要的啊!"

凡·高听从毛威的建议在莱恩火车站的后面找了一间相对宽敞的房间。室内有凹进去的地方可以用来做饭，朝南有个大窗户，可以看到外边一望无际的沙丘。

当然因为这里紧邻火车站，所以四处都蒙上了一层黑乎乎的煤灰，而且总有轰隆隆的声音从这里经过。

由于这里一个月只需要14法郎，所以凡·高对周围的环境还是相当满意的。他又为屋子添置了一张结实的饭桌、两把椅子和一条毯子，这样吃、住的问题就都解决了。

当一切都安排妥当后，毛威登门拜访。他看见这里简陋的环境，摇了摇头，扭过头看见凡·高一身寒酸的衣着，又点点头，最后，拿出一只画箱递给凡·高，说道："这里的环境差是差了点儿，但是以你现在的条件已经不错了。等以后，你成名了再换个好的地方吧！这个画箱就当我送给你的礼物吧！"

这沉甸甸的画箱里面是各种绘画的用具——颜料、画笔、调色板、调色刀、调色油。凡·高高兴地连声称谢。

"咦？你的床呢？"毛威环视了一下四周，惊奇地问道。

"在那儿。"凡·高指着那条毯子说道。

"那怎么行。如果休息不好，哪里来得精力画画。没有充沛的精力哪里画得出好画。不行，你一定要有张床。"

说完，毛威拿出100法郎，递给凡·高，命令道："拿着，去为自己添置张舒服的床。"

"可是……"凡·高正要推辞，毛威接着道："你就当是向我借的，以后再还我好了。"

在毛威的资助下，凡·高终于有了一间自己的画室。

最初的时候，毛威会时不时地上这里来指点凡·高，他给凡·高讲了一些基本技术，指导他有关油画的初步常识。经过他的指点，文森特的画艺有了很大的提高。

为了能熟练使用铅笔、木炭、笔、墨和水彩，凡·高不分昼夜地练习。他写信给弟弟说：

提奥弟，我深深觉得人物的画法对风景画的影响极大。

即使画一棵柳树，只要设法赋予其某种生命力，自然能画得栩栩如生。把所有注意力贯注在这棵树上，一直到呈现生命，否则绝不停手。

倘若不用画人物的心情来画树木，画出来的树木将犹如没有骨骼的人物一样。

从今以后，我不会再像以前那样站在大自然面前茫然凝视了。其实，大自然总会分散艺术家的注意力，若想努力克服这一点，一定要朝着正确的方向前进。

大自然是很难捉摸的，但是，我非使劲儿捉住它不可。目前，我还不敢说自己有了相当的造诣，但我自信已经渐入佳境了。

一天，毛威对凡·高说："你掌握得很快，从现在起，你就着手水彩画和油画吧！我再推荐你到该地属于画家集团的普利库利俱乐部，在那里你能够认识很多海牙的后起之秀，和他们多交流，有利于你绘画水平的提高。并且，在那里你还能够得到一周两次的免费画模特的机会。"

这对凡·高来说真的是件天大的好事，绘画中的快乐已经慢慢地冲淡了他在爱情上的创伤。

好事接连不断，不久特斯蒂格先生居然来到了他的画室。他看见凡·高的画室虽然简陋，但是所有绘画的东西一应俱全，面带微笑地点点头，说："不错，最起码的设备你都有了，离成功就不会太远的。"

听了特斯蒂格的赞扬，凡·高喜出望外，急忙拿出自己最新最满意的作品递给他。

特斯蒂格看了看这些作品，点点头，最后挑出一幅水彩画，对文森特说："这幅画，我买下了。"

凡·高简直不敢相信自己的耳朵，全荷兰都排得上名次的大画商竟然要买他的画。凡·高激动得有些磕巴地问道："真……真的想买我的画吗？"

特斯蒂格看着凡·高的表情，笑着重复了一遍，"真的，真的想买你的画。但是我只付给你 10 个法郎。"

"没关系，没关系，多少钱都无所谓！"凡·高欣喜若狂地把画简单地包装了一下，递给特斯蒂格。

这是一个好的开端。不久，凡·高另外的一个叔叔亨德利克·凡·高也来到了他的画室，并且向他订了 12 幅水彩画。

凡·高高兴地给提奥写信道：

提奥，简直是奇迹！

亨德利克叔叔向我订购了 12 幅哈谷风景的小版画。其中有几幅已经画好了。

亨德利克叔叔谈到生活费的问题时，他让我多画些水彩画，那样才能够吸引顾客的注意力，否则我将永远是个寄生虫。

当时，我对他说："为生活而绘画吗？这到底是什么意思呢？这是否表示应该多画些畅销的作品呢？生活过不下去，的确是很痛苦。无奈，我的运气不好，虽然拼命想赚点钱，结果依然不能如愿，这真是极大的不幸。如果说，我的画比不上面包，那就太过分了，等于是叫我难堪。"

我担心叔叔听了我这番话会大发雷霆，幸好他没有。明早，我要去找画题。

凡·高最后将12幅描绘贫困街市的风景画邮寄给了亨德利克，这离亨德利克本身期望的名胜古迹的风景画相差太远，结果他只订购了一次，就再也没有下文了。

俗话说：“乐极生悲、物极必反。”当凡·高的画技在不断提升，好运不断降临的时候，一场厄运正向他袭来。

伤心的海牙

凡·高的绘画水平在毛威的指点下突飞猛进，正当人们看好这个年轻人的时候，突然关于他的流言蜚语在海牙的艺术圈中传开了。

“凡·高太不像话了，还没成名就堕落了。”

“听说，他竟然和一个下贱的女子生活在一起。”

“那个女人已经有5个孩子了，现在肚子里还揣着一个呢！”

“听说，这个女人连孩子的父亲是谁都不知道。”

“据可靠消息，凡·高竟然还准备和这个女人结婚。”

“简直是太不知道羞耻了，凡·高简直把咱们海牙的脸都丢光了。”

特斯蒂格听到这些传闻之后就再也坐不住了，他跑到凡·高那里想探个究竟。当他到达凡·高的画室时，气愤地发现，一个高个子的女人挺个大肚子正在那里给凡·高做模特。

特斯蒂格压住心中的怒火问道：“这个女人是谁？”

凡·高用轻快的语言回答：“她叫西恩，是我的妻子。”

“妻子？这种人也能当你的妻子？凡·高，外边关于你的传闻都是真的了？”

“特斯蒂格先生，听我说。西恩并不像外边传的那样，她是个善良的姑娘，是生活使她沦落到那种地步，错并不在她。自从她当了我的模特，和我产生感情后，她已经变得纯洁了……”

“你竟然还在为她辩解！凡·高，我警告你，你赶快将她轰走，否则我叫海牙的人们，叫你的家人都远远地离开你！”

“不！我为什么要轰她走呢？我们彼此相爱，你应该给我们祝福才对。”

“你竟然还敢要祝福？凡·高，我想你一定是疯了，竟然被这个下贱的女人迷惑住了。”

凡·高听见特斯蒂格说西恩下贱，怒火腾地升了起来，他吼道：“特斯蒂格，请你尊重我的妻子，否则我将把你轰出去！”

特斯蒂格简直不敢相信自己的耳朵，凡·高竟然会对自己说出这样的话。他狠狠地瞪了凡·高一眼，一言不发地摔门而去。

西恩显然被这场变故吓坏了，她缩到墙角，弓着身子，将她那骨节粗大的手放在膝盖上，脸埋在瘦得皮包骨的臂弯中，几缕稀疏的头发披在背后，松弛的乳房下垂到腿上。

虽然看不清西恩的表情，但是她的整个身形已经表达了一种悲哀，这不仅是感情上的抑郁，而且是一个普通劳动妇女的纤弱与苍白。西恩和凯的高贵大方相比，简直是天壤之别，但是更能够打动人们的心弦。

凡·高把这一刻的西恩描绘了下来，命名为《悲哀》，将它和一封信一起寄给了提奥，现在也许只有提奥一个人能够听听他的心声了：

我不知道那些正闹得满城风雨的花边新闻到底是在责备我什么！抛弃女人跟拯救被抛弃的女人，到底哪个是高尚的？谁是男子汉？

去年冬天，我结识了一个可怜的女人并请她当我的模特儿，整个冬天我们合作都很愉快。

多亏这样，我才解决了生活问题，而且能让她和她的孩子免受饥寒交迫的折磨。

如果是别的男人，在这种情况下，恐怕也会跟我采取相同的做法。不过，我生活的来源是你提供的，你听到这些消息时，不会背弃我吧？我还等着你的回信。

提奥深知凡·高的脾气，知道他认定的事情就是九头牛也拉不回来，他决定亲自去看看那个叫作西恩的女人。

当提奥到达海牙时，凡·高正因病住院。整个病房空荡荡的，只有西恩忙碌的身影。

看见提奥，凡·高的鼻子一酸，眼泪止不住地流了出来，他感激地说："提奥，我亲爱的弟弟，我真是太高兴，在我生病的时候，你是除了西恩以外，唯一来看望我的人。"

听哥哥这么一说，提奥的眼圈也红了，他可以想象得到凡·高最近的日子是怎么过的，虽说他从小孤僻，但是一个朋友都没有，甚至被人唾弃的滋味，他还是有些承受不住的。

提奥尽量找些轻松的话题说道："哥哥，你寄给我的那幅《悲哀》我觉得非常棒，它虽然粗陋，但是给人以深刻之感。"

听到提奥的赞扬，凡·高微微笑了一下，随即脸色又变得难看了，他说："一提到画，我就想起了毛威，连他也和我绝交了。"

提奥知道毛威对凡·高的帮助很大，他们的绝交给凡·高的打击一定不小，他握住哥哥的手说："没关系，大家只是一时不理解你，一切都会好的。"

接着，他又故作轻松地说：“我觉得她蛮不错的！”

“她是谁？”凡·高明知故问。

“呵呵，她，她就是她了。”提奥也玩起了文字游戏。

得到了提奥的认可，凡·高的心情舒坦了很多，他露出了由衷的微笑。

提奥的来访使凡·高的心情大有好转，他病情很快恢复了。出院以后，他决定和西恩结婚。

不久，西恩生下了一个男孩，凡·高喜出望外，抱着这个孩子像抱着自己亲生儿子一样亲了又亲。他对这个可怜的女人许愿说：“西恩，搬到我家来吧，让我给你们母子幸福。”

为了迎接西恩一家人，凡·高用提奥给他的钱换了一间稍微大点儿的房子，又买了一些家居必需品。就这样，西恩带着她的大女儿和小儿子搬到凡·高这里来住了。

家里一下子多了3口人，尤其是多了这个刚出生的婴儿，凡·高的日子越发拮据。现在提奥每个月给他寄150法郎，如果将这些钱都当作生活费，那么一家人的温饱刚好能解决。但是，凡·高要将这些钱抽出一部分，用来买画笔、颜料等，所以一家人的生活连最起码的保障都没有。

凡·高为了照顾西恩母子，将自己的那部分粮食也省了出来，他每天只吃一顿饭，而且将食量压到最小。

看着一边是日渐消瘦的凡·高，一边是嗷嗷待哺的孩子，西恩的脾气越来越坏。她开始克扣凡·高买画笔的钱，两个人的战争也就由此爆发了。

凡·高是那种宁可饿死也绝不会放弃画画的人，西恩克扣他的钱，不让他买画笔怎么行？面对家庭战争的升级，西恩抱着孩子回到了娘家。她的娘家是个乌烟瘴气的地方，她就是从那里开始做妓女的，如今回到那里，她的所有恶习又被勾了出来。

凡·高眼睁睁地看着西恩开始变得举止粗鲁，说话吐脏字，抽烟、喝酒……可是他却无计可施。失望、自责、内疚，一齐涌向他的心间，凡·高觉得自己再也无法在海牙待下去了。

他心平气和地对西恩说："西恩，带着孩子们，和我去乡下吧，在那里开支会小些，我们的生活会好些。"

西恩用一种不信任的眼光看了凡·高一眼，说道："我不去。到那里一切还会是老样子，虽然家庭开支会小些，但是你绘画的支出会变得更加的庞大。我还是带着孩子留在这里。"

凡·高看着西恩几乎绝望的脸，知道自己和她的缘分已经尽了，他把自己剩余的唯一的一块油画布递给了西恩，说："把这个拿去给孩子做衬衣吧！"

西恩望着这个贫穷的男人，悄悄地流下了眼泪，因为她知道除了凡·高世界上再也不会有人对她这么好了，但是他们的缘分尽了，再也不能在一起了。

了断了和西恩的感情，凡·高还想和毛威说声再见。他来到那个昔日里给了他很多温暖与帮助的画室，恰逢这里正在举行聚会。

大家看见凡·高，都别过脸去，不答理他。毛威用生硬的口气问道："你来做什么？我不是和你讲明白，咱们绝交了吗？"

"我是来辞行的，我要离开这里了。"

听说凡·高要走，气氛马上缓和了很多，毛威的语气也软了下来，他问道："你准备去哪儿？为什么要走呢？"

凡·高苦笑了一下，说："你不知道我为什么要走吗？我也不知道自己究竟要去哪里。"

所有的不快乐将随着凡·高的离开而消除，毛威举起酒杯走到凡·高面前，说道：“文森特，以前我的做法也许太偏激了，请你原谅。干了这杯酒，我祝你一路顺风。”

凡·高将酒放到嘴边，一饮而尽，他觉得一种火辣辣的痛在心底燃烧着。

“再见了海牙，再见了这个给了我痛和欢乐的地方！”凡·高向海牙挥了挥手，永远地离开了这个伤心地。

自尊心受到了伤害

在荷兰的东北部有个叫德伦特的地方，那儿是荷兰最偏远的地方，在那儿到处都是花草茂盛的原野，而且还有风车、奇妙的桥梁、黄昏时的云霞。变化多端的大自然真是美妙无比。

农民们不是在沼泽或河边挖泥炭，就是在松软的黑土里刨马铃薯，与世隔绝地过着同样单调但是十分艰苦的生活。尤其在晨昏之际朦胧而暗淡的天光中，在晨曦或晚霞的映照下，他们躬身黑土地之上的身影，在德伦特的苍莽原野上格外触目惊心。

在空旷的原野上，你随时都能看见一个穿着破旧，有着一头红发的瘦弱男人在阳光底下，不停地作画。那个人就是凡·高。

离开海牙后，凡·高漫无目的地四处游走，最后被德伦特的风光吸引住了，于是便住了下来。

凡·高非常热爱这片土地，他在给提奥的信中这样描绘：

小块麦田的边缘呈现出清朗的色调，秋天的落叶在微风中飞舞，发出瑟瑟的声响，金色的树叶和黑色的树干形成了鲜明的对比。

充满光辉的天空没有一点儿阴影，那是一种无法形容的紫色，其中掺杂着红、青、黄等各种颜色，不管我走到哪里，始终能发现它在我的头顶上。

凡·高虽然还在心中惦念着西恩母子，虽然有时看见母亲带着小孩也会情不自禁地流泪，但是他感觉整个人都轻松多了，在绘画时有一种未曾有过的轻快感。

就像他给提奥的信中所叙述的那样：我的内心近来发生了某种变化，我正孤独而寂寞地站在这灌木丛生的荒野上，感到自己的心灵正逐渐坚强起来。在我的心里似乎蕴藏着某种卓越的东西。

在德伦特满布石楠和沼泽的处女地上，理解和把握的欲望将一种表现方法驱使到了凡·高的画布上。在古典的线条和浪漫的光色之间，凡·高逐渐找到了一条出路。他开始将两者结合起来，用厚厚的颜料在画布上表现对象的形体。

在这一过程中，就审美而言，本来只起表现作用的色彩，被演绎成了一种具体的感官材料，就好像是所要表现的对象本身的组成部分。

在色调的搭配上，凡·高发现，在沉重的暗色调之上，少许明亮的色彩就可以将对象表现得坚固而浑然。换句话说，无意之间，德伦特将他引向了他所崇仰的伦勃朗以及其他荷兰艺术黄金时代的大师们。

像米勒一样，凡·高努力表现苍凉大地上晨曦或暮色中劳动者的身影，或者不知什么建筑上面教堂般的尖顶。他的许多作品都会让人想起米勒，如《泥炭地里的两位农妇》让人想起米勒的《拾穗者》，《有泥炭堆的农舍》则令人想到米勒的《格雷维尔教堂》。

然而这一次，凡·高摆脱了米勒，创造了自我，在德伦特苍莽的原野上，凡·高画了一幅《烧杂草的农人》，在不知曙色还是薄暮的一片浑然朦胧之中，画中人物手执薪火躬身点燃草堆，火光和烟气升腾起来，映照开来，宛如是苍茫天地间燃起的希望的篝火。

凡·高将这幅画，比作是自己的新生，他决定点亮人生的火把，一切从头开始。

有一天，凡·高从外面作画回来，正好赶上下雨，他不得不躲到一家住户的屋檐下。

事也凑巧，那家的主人刚好办事回来，看见凡·高躲在自己家的屋檐下，身上的衣服破烂陈旧，上面沾满了油彩的痕迹，再往脸上看，苍白、瘦弱，满头的红发扎眼地挺立着。

那主人厌恶地对凡·高说："请你上别的地方去，我这里不欢迎乞丐！"

"乞丐？你说谁是乞丐？"凡·高显然被激怒了。

那人不屑地看了一眼凡·高："说你呢！别在这里假清高了，承认了吧，我可能还会怜悯你，舍给你点儿食物呢！"

凡·高怒火中烧，拿着画箱冲那人的头就打去，那人骂了一句"疯子"，没搭理他，关上门进屋了。

凡·高的怒火化成了无限的哀思，他踉跄地冲向雨中，想让雨水洗刷掉身上的耻辱。

"乞丐？竟然说我是乞丐。难道我真的那么失败吗？难道我真的一无是处吗？是啊，我是个失败者，一切都是失败的，从当店员开始，我就一直没有成功过，甚至都已经30岁了，还要靠弟弟养活！天啊，我是个如此失败的人。"

心灵的创伤加上淋雨使身体受寒，凡·高一下子病倒了。

提奥知道凡·高的苦闷后，给他写了一封信，信中讲了画家塞雷的故事。塞雷的一生很不幸，受了很多的苦难，可他无论如何都坚持了下来，最后创作出了哀婉动人的大作。

凡·高读了提奥的信后大受鼓舞，他回信道：

> 看见一个粗俗的人像一株鲜花缠身的树那样荣誉缠身，的确是件美事。
>
> 但在这之前，他必须经受寒冬的巨大痛苦，其痛苦程度不是后来对他表示同情的那些人所能够体验得到的，画家的生活，以及什么是画家，这是十分难以理解的问题。它是多么深奥——无比深奥！

这场大病使凡·高的身体严重受损，他需要进行调养。可是他能去哪里呢？

最后，提奥写信告诉了父母大哥的近况。这对善良的老人，听说自己的儿子正在外边受苦，将一切不开心的往事都抛开，给凡·高去了一封信，在信上告诉他，让他回家。爸爸妈妈想他了。

凡·高接到父母的来信。眼泪像断了线的珠子一样流了下来。这种血浓于水的亲情深深地感动了凡·高，等他的身体稍微好了一点儿，立刻就起程去纽恩南，这个父母新搬去的家。

重新振作了起来

为了迎接凡·高的归来，泰奥多鲁斯夫妇是煞费苦心。他们将凡·高的房间安排在了楼上，以便让他在每天清晨一睁眼就能看见太阳徐徐地升起。他们还在凡·高的房间里装了一架很好的暖炉，并将床底下铺着的石块换成了木板，以免他的身体受潮。

面对父母的这些精心安排，凡·高的心里暖烘烘的，家庭的温暖使他暂时忘记了所有的不快，他的身体得到了迅速的恢复。

虽然大家表面上相安无事，但是内心深处却还是有着深深的隔阂，每个人说话都是小心翼翼的，生怕一不留神触犯了对方。

本来凡·高只想在这里休养两个星期，但是他却深深地热爱上了这片土地。

他试探地问父亲泰奥多鲁斯："爸爸，我想再住些日子，可以吗?"

听着儿子卑微的问话，泰奥多鲁斯的心像被黄蜂蜇了一下，他点点头说："当然可以，孩子，这里是你永远的家，你想住多久就住多久。"

"爸爸!"凡·高深情地呼唤着泰奥多鲁斯，两个人之间的隔阂在这一霎间消失。

“文森特，你以后有什么打算吗?”泰奥多鲁斯还是那样关心凡·高的未来。

“我还要继续我的绘画，而且我觉得自己现在已经入门了。”

“听你这么说，我真的很高兴。不管你的选择是什么，只要你坚持下去，我相信你会成功的。”

“谢谢你，爸爸。”

“安心住下来，纽恩南有很多值得你描绘的地方。”

“爸爸，我想拥有一间自己的画室，可以吗?”

“当然了，你可以把那间杂物室整理出来，当作你的画室。”泰奥多鲁斯面带微笑地回答。

“太棒了!”凡·高满心高兴地说。

看着他们父子终于重归于好了，安娜在旁边也露出了欣慰的笑容。

纽恩南一带的人们多是以纺织为生的。他们住在小小的茅草顶的泥舍里，里面通常有两间房。一间是全家人住的卧室，仅有一扇能照进一束光线的小窗；另一间是他们工作的地方，那里放着织机。

这里的情况和博里纳日差不多，不劳动就没有钱生活，唯一比博里纳日好的地方就是这里没有那么多的瓦斯爆炸、罐笼事故。可是这里的人们也缺少了像博里纳日的矿工那样的反抗精神，这里的织工们更加安分守己，听从天命。

凡·高善于发现美，尤其善于发现这种淳朴的美。他画了一位织工织布的场景。在昏暗而狭小的屋子里，一台褐绿色的橡木制成的织机几乎占据了全部的空间。在它旁边坐着一个个子小小的男人，他的旁边是一张童椅，椅子里面坐着一个小婴儿，他在那里静静地坐着不哭也不闹，只是呆呆地瞪着织机上那模糊的类似“1730 年制”这样的字眼。

那个织工坐在那儿机械地织布，整个动作单调乏味，配上那安静的婴儿，这个画面充满了祥和的气氛。

凡·高觉得用色彩画人物和风景，能够将美表现得更加淋漓尽致。春天是嫩绿的；夏天是火红的；秋天是金黄的；冬天是雪白的；四季被他一幅幅地画出来，成为永恒的美。

纽恩南是个封闭保守的小镇，在这个镇上还从来没有出现过像凡·高这样“游手好闲”的人，大家虽然对泰奥多鲁斯牧师充满了敬意，但是却对他这个大儿子的做法无法认同。大家都尽量远离凡·高，即使不得不和他面对面的时候，也都是低着头匆匆而过，唯恐多看他一眼就招上灾祸。

在人们的眼中，凡·高是个整天游手好闲，而又奢侈浪费的家伙，大家都为慈祥的泰奥多鲁斯牧师有这样一个儿子而感到痛心。

凡·高一直是个非常节俭的人，可是为什么人们会认为他奢侈浪费呢？原来，凡·高的节俭是在他的平日生活上，而在绘画上面他却是个奢侈的人。

他总是饱蘸着油彩，既不对自己的表现有所迟疑，也不考虑经济问题，多少还带点粗鲁和冲动，“嘣嘣”地落笔在画布上，常常是几笔就勾勒出一个弯腰田间的农人或者一棵栎树的形象。如果他对自己的作品稍加不满，他就会立刻将其毁掉，重新画起。在他的画室中，到处可见那废弃的、昂贵的画纸。

其实这是凡·高对作品完美的追求，但在世人眼中却变成了可耻的浪费。本来就没有工作的凡·高再加上如此庞大的一笔绘画开销，使人们对他的印象更差了。

一晃一年过去了，人们突然主动对凡·高露出了微笑，而且还对他伸出了大拇指，称赞他是个孝顺、懂事的乖儿子。

这是为什么呢？原来，安娜不小心将大腿摔断了。当附近的人们前来看望她的时候，大家吃惊地发现，那个平时很讨人厌的凡·高竟然坐在母亲的床前为母亲按摩。

看见如此的举动，大家对凡·高的印象立刻有了改观。纷纷问安娜，凡·高的为人到底怎样。

不久，在纽恩南的大街小巷关于凡·高的传闻彻底改变了模样。

“泰奥多鲁斯牧师的那个大儿子不是个游手好闲的人，而是一个大画家，一个将来能赚大钱的大画家。”

“他还是心地非常善良的人，曾经到一个非常艰苦的煤矿帮助那里的矿工重新建立生活的信心。”

“这些还不算，据说他还曾经为了维护一些穷孩子的利益而丢弃了工作。”

凡·高一下子从地狱升到了天堂，人们对他露出了真诚的笑容。不仅如此，还有一个姑娘主动向他示爱。

这名姑娘叫作马克·贝海曼，是凡·高的邻居，今年已经30多岁了，仍是单身。她长得不怎么漂亮，也没有特殊才艺。不过，她对凡·高却一见钟情。

在贝海曼的眼中，凡·高的那些缺点变成了一微不足道的小毛病，而他的优点被无限地放大，凡·高简直成了完美无缺的人。

这种被爱的感觉真好，这是凡·高第一次被一个女人主动地、真诚地爱上，凡·高被幸福包围着，很快他们就到了谈婚论嫁的地步。

贝海曼的家中共有姊妹5个，她们全都没有结婚，而且恪守着“一生独身”的格言，所以当贝海曼向她们宣布自己要结婚的消息时，家里立刻炸开了锅。大家一致反对贝海曼嫁给凡·高，并且把凡·高贬低得一无是处。

一边是亲情，一边是爱情，贝海曼作为一名弱女子，她在万般无奈下选择了自杀，以此来了结这件事。

凡·高无比伤心地给提奥写信道：

提奥弟：

最近发生了一件可怕的事！

当天贝海曼小姐跟她家人谈起结婚的事情时，由于遭到家人的一致反对，她在绝望之余服毒了！

早在3天以前，我就曾跟医生谈到过她的情况，她的母亲也在暗地里密切注意。

你不是读过那本《包法利夫人》吗？其间谈到因为神经病发作而死的事，这正与贝海曼的情况相似，唯一不同的是，她是服毒。

记得有一次我俩静静地散步时，她对我说："倘若我现在死去，那是多么愉快的事！"

当时，我完全没有发觉她的异样，不料，第二天早晨她忽然倒地，我以为是她身体衰弱，后来才发现情况不妙。

她喝下不少农药。我们立刻把她送进医院，我想，她也许过一阵子就会恢复健康。谁知道，事与愿违，你大概能够想象得到我为了这件事，心中是多么伤痛吧！

在这次的事件中，凡·高也是被害人之一，但是人们却不这样看，在他们眼里凡·高又变成了无恶不作的大坏蛋，大家对他又开始冷嘲热讽或者不理不睬了。

一波未平一波又起，就在凡·高被众人孤立排斥的时候，泰奥多鲁斯牧师在去为一个生病的教民祈福的路上，由于操劳过度不幸过世了。

凡·高听到这个消息像疯了一样往家跑，他实在不愿意相信那个疼他爱他的父亲，就这样离他而去。

丧父之痛使凡·高的精神差点儿崩溃了。

这么多年来泰奥多鲁斯总是用他那博大的胸怀包容着凡·高，即使这个大儿子总是一次一次地令他失望，可是他却从没有放弃过。虽然泰奥多鲁斯的话不是很多，但是那随处可见的父爱，却时刻温暖着凡·高的心，使凡·高在一次又一次的失败中爬了起来。

现在这个令人尊敬的父亲离开了，凡·高感觉到一种前所未有的孤独。他时常跑到父亲的墓前，一待就是一天，他对着墓碑喃喃自语，想把那早就应该表达的爱全部说给父亲听。可是这一切都太晚了，凡·高又陷入了新一轮的悲伤。

这种痛苦悲伤的日子持续了很久，这天凡·高又来到了泰奥多鲁斯的墓前。他对着墓碑说道：

"爸爸，我好想您。虽然您离开了我，但是我却觉得您就在我的身边。昨天提奥来信了，让我去巴黎，说那里是艺术的天堂。直到这时我才想起，我已经很长时间没摸过画笔了。"

一阵微风吹过，周围的小草摇曳着身子，像是泰奥多鲁斯在回答凡·高的话。

"爸爸，您是不是在埋怨我，又半途而废呢？只顾沉浸在悲伤中，而成天无所事事呢？"

周围是一片寂静。

"爸爸，您放心，我答应过您，我会把绘画作为我终生的事业对待。我不会放弃的，这些天我每天都在想您，甚至忘记了画笔，我知道自己错了，我知道您不希望看见您的儿子这样的颓废。"

这时，在凡·高的头顶飞过一只小鸟，发出"叽叽"的声音。

凡·高望着鸟儿，说道：“你是不是我爸爸的使者？在对我说，让我坚持下去呢？”

凡·高抹了抹眼角的泪滴，坚定地说：“爸爸，您放心我会坚持到底的。我相信，终究有一天人们会欣赏我的画的。这次我来这里，是向您道别的，以后我要把时间多用在画画上，可能来这里看您的时间会少些，请您见谅。”

鸟儿仿佛听懂了凡·高的话，搭腔似的又叫了几声，飞走了。

凡·高望着那蓝蓝的天空，心中的阴霾被那无限的希望所取代，他更加坚定了自己的脚步，决定向着艺术的殿堂一路走下去。

不断追求完美

经过这些是是非非后，凡·高的心灵反而沉淀得干干净净，现在他的生活中只有绘画。起初他努力地去模拟自然，结果是劳而无功，所画的一切都不对头。后来，他凭借自己的调色板进行创造性的描绘，自然反而顺从了起来，并随着他的笔出现在了画布上。

他油画的主题，大致可以分为三个方面：

第一种是教堂、牧师公馆、水车小屋和农家等具有当地特色的大小建筑物。

第二种是鞋子、瓶子、水桶和蔬菜等一些静物。

第三种是当地工作的农夫和纺织工人。

凡·高对提奥说：

提奥弟：

依我看来，要画农人，一定要先在大地上耕种。凡是与农夫有关的作品，只要设法让其中特有的味道充分发挥出来，就算是相当成功了。

至于画有牛的小屋，就得让它感觉得出牛的味道，这才是好的作品。田里的小麦、芋头的味道、鸟粪或家畜的粪便味……只有具有这样的特征，才是健康的。

关于农夫的绘画，绝对不能散发出香水的味道。

随着对绘画的领悟加深，凡·高对自己的画反而越来越不满意了。他清理了一下自己这段时间的习作，发现他的作品虽然数量不少，但是却是这样的不完整。整个纽恩南的乡村生活被他肢解得零零散散，没有一件作品是对农民生活的概括，没有一件作品抓住了农民住茅屋和吃煮土豆的那种神情。

这时，凡·高将目光放在了一家叫作德格鲁特的农民家。这是一个五口之家，有父亲、母亲和一子两女，他们全都下地干活儿。他们的脸黑黑的，隆起的鼻梁，大大的鼻孔，厚厚的嘴唇，尖尖的头顶。

一家五口人住在一间黑乎乎的狭小的房间里，中间是一张不大的桌子，两把椅子，一盏吊灯悬挂在半空中。

这家人生活的主题是土豆，他们种土豆，吃土豆，整天围着土豆转。可就是这种简单乏味的生活深深地吸引了凡·高。

他把自己的创作计划写信告诉了提奥：

这个礼拜，我开始画一幅农民晚上围在一起吃一盘土豆的画。我早起晚睡，已不停地画了三天……

我想把我在农舍里画的那幅吃土豆的人的速写作些修改，使它成为一幅真正的画。《吃土豆的人》至少是我试探过的一个题材。我可以指出它的不足之处和某些完全错误的地方，但它相当真实，比有些完全没有缺陷的画也许更真实。

……我又在画《吃土豆的人》。我新画了些头部的习作，尤其手部作了很大的改动。尽管现在这幅画只花了比较短的时间，但画头和手的习作却用了整整一个冬天。至于画这画的那几天，十足是一场战斗，不过是一场使我感到极为兴奋的战斗。

我试图清楚地表现这些在油灯下吃土豆的人们如何用他们伸过盘子里的那同一只手挖地，以便使画表现出体力劳动以及他们如何诚实地谋生。

……画面上是一间屋子昏暗的内部，屋里，点着一盏小油灯，肮脏的亚麻桑布、被烟熏黑的墙壁，女人们头上戴着在地里干活时的无檐帽，所有这些在油灯下通过眼睛看来都变成了很深的灰色……

全部头像都画完了，而且还画得非常仔细，但我还是毫不可惜地立即重画。在现在完成的这幅画里，他们的肤色像还带着泥土的、没有削过的新鲜土豆。我根据我对那一场面本身的记忆而画出了这幅画。可我已经把头像画了多少遍！于是，我又每天晚上跑去现场认真琢磨某些细节。我认为画已经完成了——这总是比较而言，因为实际上我永远不会把自己的作品看得完美无缺。

当然，看惯了穿着漂亮衣服的人物画的人们，可能会欣赏不了我的画。可是我相信，这幅画如果能完全表达我的想法，那么，总有一天，它会得到大家的赞赏。

为了完成这样一幅画，凡·高可谓耗尽心血。他总是在德格鲁特一家人回到家之前就早早地守候在他们的家门口，等到他们吃饭的时候，他就坐在旁边的角落中聚精会神地画，一直到德格鲁特他们上床睡觉的时候，他才会收拾工具离开。

等凡·高回到自己的住处后，他还要对当天的画进行整理，往往直到天亮他才会去睡两三个小时。

虽然凡·高早已经对这一家人的容貌了然于心了，但是当他执起笔将他们画在画布上的时候，他总是觉得自己的画缺少了些说不出的东西。他总是画了撕，撕了画，想画出自己觉得完美的作品，可总是失望地将其付之一炬。

这幅《吃土豆的人》凡·高不知道画了有多少遍，甚至有时在晚上做梦的时候他的双手都还在不停地挥舞着。随着失败的次数增多，凡·高的情绪反而越来越亢奋，这次他已经两天没合眼了。

他审视着自己的作品：一间昏暗的小屋，屋顶悬挂着一盏小灯，肮脏的亚麻布桌上和熏黑的墙。女儿在给父亲端来煮土豆，母亲在倒清咖啡，儿子在把杯子端到嘴边。

“还缺少什么呢?”凡·高像头困兽在画前来回踱步。突然一道灵光闪过，“原来是因为我离他们太近了，因此无法掌握透视比例。”

想到这里，凡·高将刚画好的这幅画又给毁了，他根据自己对那个场面的记忆重新画了一幅。他让自己的头脑自由地发挥想象，已经不知道画过多少遍的头像、不知道现场琢磨过多少次的那些细节，都通过他的思想的过滤，变成了各种颜料的组合走进画面。

整个画面被他涂成了一种沾着灰土的、未剥皮的新鲜土豆的颜色。一家人的神情被描绘成安于天命、逆来顺受。瞬时间，整个画面被赋予了生命，展现在我们面前的不再是一家贫穷丑陋的面孔，而成为了值得人尊敬的劳动人民的代表。

当凡·高将最后的一笔画完时，他觉得整个人都虚脱了。他软软地瘫倒在地上，看着这幅画露出了微笑，冲着巴黎的方向说道：“提奥，我亲爱的弟弟，这幅《吃土豆的人》将成为我在这里的一个总结，我终于可以满怀信心地去找你了。”

这幅《吃土豆的人》就像凡·高自己说的那样，是他绘画事业的一个里程碑，从那以后他的绘画生涯又登上了一个新的巅峰。

视野得到了开阔

就在凡·高的绘画事业逐渐走向巅峰的时候，在法国巴黎，这个艺术的天堂，一个划时代的艺术学派——印象派诞生了。

印象派是19世纪后半期诞生于法国的绘画流派，当时因克劳德·莫奈的油画《日出·印象》受到一位记者嘲讽而得名。其代表人物有莫奈、马奈、卡米耶·毕沙罗、雷诺阿、西斯莱、德加、莫里索、巴齐约以及保罗·塞尚等。

他们继承了法国现实主义前辈画家库尔贝“让艺术面向当代生活”的传统，使自己的创作进一步摆脱了对历史、神话、宗教等题材的依赖，摆脱了讲述故事的传统绘画程式约束。艺术家们走出画室，深入原野和乡村、街头，把对自然清新生动的感观放到了首位。

在艺术观点上，印象主义画家反对当时占正统地位的古典学院派，反对日益落入俗套、矫揉造作的浪漫主义绘画，而在柯罗、巴比松画派和库尔贝等人的写实画风的推动下，吸收荷兰、英国、西班牙、日本、中国等国家绘画的营养，同时受现代科学，尤其是光学的启发，认为一切色彩皆产生于光，于是他们依据光谱赤、橙、黄、绿、青、蓝、紫七色来调配颜色。

由于光是瞬息万变的，他们认为只有捕捉瞬息间光的照耀才能揭示自然界的奥妙，因此印象主义绘画在阴影的处理上，一反传统绘画的黑色而改用有亮度的青、紫等色。

印象派绘画用点取代了传统绘画简单的线与面，从而达到传统绘画所无法达到的对光的描绘。具体地说，当我们从近处观察印象派绘画作品时，我们看到的是许多不同的色彩凌乱的点，但是当我们从远处观察它们时，这些点就会像七色光一样汇聚起来，给人以光的感觉，达到意想不到的效果。

由于追求光和色彩的表现，印象主义画家主要把身边的生活琐事和直接见闻作为题材，多描绘现实中的人物和自然风景。这样熙熙攘攘的街道，星期天的郊游，草地或游船上的午餐，花园或街角的舞会，行刑的场面，事务所办公室的景象，舞女、乐队、酒吧间等成了画面的主题。

当凡·高来到巴黎的时候，印象派还没有被大多数人所接受。甚至在古比尔特这样的大公司里，也只有在由提奥当经理的画廊的夹层中摆放着几幅他们的作品。

凡·高来到巴黎直接去了蒙马特尔林荫大道的古比尔特画廊，因为提奥就在这里上班，凡·高想给他一个意外的惊喜。

一个画家来到画廊当然免不了要将眼光放在画上，凡·高也不例外。他漫步在一幅幅的巨画下面，慢慢地欣赏。当他来到第一层和第二层的夹层的时候，他的眼前突然一亮，一种前所未有的震撼深深地打动了他。

只见这些画摒弃了那种阴暗沉闷的色调，凸显了一种对太阳的狂热崇拜，整幅画都充满了光、空气和颤动的生命感。

凡·高看完这些画，又扫了一眼楼上那些占据显要位置的画，觉得两者简直有着天壤之别。前者是活生生的生活，后者是平淡的照相机的复制品。

凡·高本想给提奥一个惊喜，现在变成了劈头盖脸的责难："提奥，为什么你不早点让我来巴黎？让我耽误了6年时间，走了那么多的冤枉路？"

提奥看见凡·高本来是非常惊喜的，但是听到他这不着边际的责问时，愣住了，问道："哥哥，你在说什么？我怎么耽误你6年了？"

凡·高指着楼下，气呼呼地说："我说的是那些画，你夹层的那些画。为什么不早点让我见识那些画？"

提奥一听这话，笑了笑，连忙给凡·高搬了把椅子让他坐在自己的身边，说："你说的是那些印象派的画吧？"

凡·高看见提奥不急不忙的样子更加生气，说道："对！我说的就是那些……"

"那是印象派，一个还没有被众人认可的画派。"

"你为什么不早点告诉我有这样一个画派？你看看我的那些作品，和他们的相比简直就是垃圾。我为了这些垃圾竟然耗费了整整6年！"

看着凡·高气恼的样子，提奥一本正经地说："我亲爱的哥哥，我现在要非常郑重地告诉你一件事情，那就是你的作品不是垃圾。它们已经非常好了，唯一欠缺的就是色彩，那些明亮的色彩。"

这时，凡·高也冷静了很多，他不再像刚才那样冲动了，而是静静地坐了下来，用一种自嘲的口吻说道："给我讲讲印象派好吗？我怎么像闭塞的老头一样，对外界一无所知呢？"

"印象派是一个刚刚兴起的画派。在1872年一个早上，画家莫奈在阿佛尔港口的住所向窗外眺望的时候，他看到一幅平常但十分美丽的景象。太阳刚刚升起，海水在晨光的笼罩下现出橙黄和淡紫的色调，天空则被晨光染成红色。海上的小船被笼罩在这片奇妙的光和色彩里。”

“莫奈被眼前的景色征服了，后来，他根据自己的感受画了一幅画，他说‘我想在最易消失的效果之前表达我的印象’。”

凡·高被提奥的描述深深地迷住了，他的眼前仿佛出现了那幅日出图。

提奥问道：“你觉得这幅画美吗？”

凡·高深深地点点头。

“可是这幅画在最初时的反响却并不好。1874年莫奈和他那些志同道合的朋友们举办了一次展览，当时正统的评论家批评他，说那幅《日出》连糊墙纸都不如，还嘲讽他们为印象派。”

凡·高若有所思地点点头，接道：“说他们是印象派也不为过，因为他们表达的东西是一种本质的东西，是一种灵魂深处的东西。但是这却比那些精致的描绘要真实得多。”

提奥笑了笑，说道：“我一直没有向你说这些的原因，是因为我觉得你也是一个印象派，只是你的作品不像他们那样色彩明亮罢了。”

“可是你要是早和我说，我早点来巴黎，那么我的色彩就会像他们一样的明亮，这样难道不好吗？”

“好是好，可那样会使你丧失自我的。现在的文森特·凡·高，是独一无二的凡·高；是能抓住人物灵魂的凡·高。现在的你并不比他们差，只不过你们所擅长的方面不一样罢了。相信我，只要你能够提亮你的色彩，你一定会画得比他们还要好。”

凡·高睁大了眼睛看着自己最挚爱的弟弟，脸上的表情还是有些不自信。

提奥非常郑重地说：“哥哥，我现在的身份是一名画商，而且是一名被大家公认的非常棒的画商，我以一名画商的身份非常负责任地对你说，你一定会比他们强！”

提奥在说这些话的时候斩钉截铁，让人没有丝毫能够怀疑的余地，凡·高紧张的表情终于舒缓了，他笑着点点头，说了声：“加油！”

提奥看见凡·高又恢复了信心百倍的样子，高兴地走过来搂住他的肩，说道：“我亲爱的哥哥，走，我请你吃一顿真正的法国大餐！”

凡·高有些犹豫，问道：“咱们在家里吃不行吗？吃法国大餐的钱能够买很多的画笔、颜料。”

“咱们只吃这一次，就算你陪我。”提奥像个孩子似的讨价还价道。

凡·高明白弟弟的好意，只得随着他走了出去。

在巴黎遇到知音

凡·高接受了提奥的建议，带着绘画材料来到了科尔蒙画室画模特。画室里有 30 多把椅子和画架，他登记后就被分配在一个画架前坐下，开始画画。

他有意识地把色彩调得明亮些，尽量向印象派靠拢。不知不觉，3 小时过去了，凡·高拿着这幅刚刚完成的习作，满怀喜悦地递给了科尔蒙。

凡·高有些不安地盯着自己的脚尖，他的额头由于紧张竟然有了汗滴，他心里在不停地嘀咕：“这是我第一次尝试，是好，是坏？是坏，是好？”

经过漫长的等待，科尔蒙终于开口了：“凡·高，你的画简直太……如果你不是提奥的哥哥，那么我会立刻请你出去的。”

凡·高的脑袋“嗡”了一声，他知道自己完了，第一次的尝试竟然遭到如此不屑一顾的批评，他的自信心一下子消失得无影无踪。

“嗨，朋友，别听那个科尔蒙胡说，他简直对绘画就是一窍不通！”

凡·高循着声音望去，只见一个脑袋扁扁，五官凸出的男人正冲他友善地笑着。

那个人接着说："你好，我叫亨利·图卢兹-劳特雷克。"

"我是文森特·凡·高。"

"你认识提奥·凡·高吗？"

"那是我弟弟。"

"太棒了！你的弟弟是整个巴黎最出色的画商！"

"谢谢你的夸奖，我也这么认为！"

"文森特，别理会科尔蒙的胡言乱语。前几天，他看了我的画以后，对我说'劳特雷克，你太夸张了，你总是那么夸张，你的每幅习作的线条都是漫画化的'。你猜我怎么回答他的？"

凡·高显然被劳特雷克吸引了，他问："你怎么说？"

"我对他说'我亲爱的科尔蒙，那不是漫画，那是性格！'"

凡·高听了哈哈大笑，刚才的不愉快也随之抛到了脑后。

劳特雷克问道："你是不是刚来巴黎没有几天啊？"

"我刚到3天。"

"哦，真不明白，为什么提奥会让你上这里来。他应该知道这里是相当糟糕的。"

"不要埋怨提奥，是我想找个地方写生，所以才来这里的。你又为什么来这里啊？"

"我？天晓得！大家都叫我疯子，因为我喜欢画舞女、小丑和妓女，那些正统的人认为不入流的人偏偏是我的最爱。我觉得他们才是最有性格、最值得描绘的人。"

"我的想法和你一样啊！"

"那太好了，愿意去参观一下我的画室吗？"

"求之不得。"

凡·高和劳特雷克越说越投机，两个人起身准备出发。这时，凡·高才发现劳特雷克的两个裤腿空荡荡的，原来他竟然是个跛子。

劳特雷克看见文森特诧异的目光，毫不在意地说："是不是很好奇啊？"

"哦，对不起，我没有别的意思。"

"没关系，所有的人都好奇。我十一二岁的时候，接连发生了两件让人厌烦的事情，结果导致一次摔伤了一条腿。从那以后，我的两条腿就没有再发育过了。"

"实在对不起，提到你的伤心之处了。"

"没什么好抱歉的，我觉得这也不错。因为如果我是一个正常人，那么我现在不可能是个画家，我也许会是一名大元帅。谁让我的父亲是个伯爵呢！去他的伯爵，我觉得现在的生活更好！"

"确实是个疯子，竟然'去他的伯爵'！如果换成我，我是不是也会一样呢？"凡·高心里暗暗地琢磨。

"其实在我们这个圈子里，像我一样的疯子还不止一个，你听说过高更吗？保尔·高更？"

"我听提奥提起过，他怎么了？"

"他和我一样，也是个疯子。他早年在海轮上工作，后来又到法国海军中服务，23岁当上了股票经纪人，每年收入3万法郎。他不仅收入丰厚，还娶了一位漂亮的丹麦姑娘，生了3个可爱的宝宝。但是这个疯子却因为马奈对他说：'你的画画得非常好！'于是他就头脑一热，辞去了股票经纪人的工作，全身心地致力于绘画。现在，他的家也没了，每天靠着东挪西借过日子。"

"太有性格了。"

"你竟然这样评价他，看来你离疯子也不远了！"劳特雷克听了凡·高的评价调侃道。

两个人有说有笑，不一会儿就来到了劳特雷克的画室。这里乱糟糟的，除了画布、画架、脚凳、踏板和成卷的帷幔外，就是一瓶瓶的美酒、衣物等，简直连插脚的地方都没有。

劳特雷克尴尬地冲凡·高笑了笑，以最快的速度整理了一下房间，给凡·高腾了个座位。

"朋友，这就是我的生活。虽然有些凌乱，但却是真实的，温馨的，不是吗？"

凡·高越发地觉得这个朋友和自己很合得来，他笑着说："你的画室和我的差不多，只是比我的要阔绰一些。"

"是吗？那太好了！让我们为了乱七八糟干杯！"

一杯酒下肚后，凡·高就开始细细观赏起劳特雷克为蒙马尔特游艺场的姑娘们画的素描来。他看得出这些肖像都是客观的，没有掺杂任何道德、伦理方面的观点，在姑娘的脸上呈现的是一种悲惨、痛苦，而又麻木、听从天命的表情。

凡·高轻轻地翻动着那些素描，由衷地赞叹道："真的很棒！"

劳特雷克高兴地又举起了酒杯，对凡·高说："为了你的夸奖，我们再来干一杯！"

凡·高在劳特雷克处逗留了很久，直到天色擦黑他才恋恋不舍地离去。在临走以前，两个人还约定明天一起去找高更。

第二天，凡·高和劳特雷克在科尔蒙画了半天素描以后，就去阿贝赛斯街上的巴苔丽饭馆找高更。

凡·高很奇怪地问劳特雷克："我们为什么要去那里找高更啊？"

"那家伙这个时间刚好起床，在那里吃早点呢！对了，巴苔丽饭馆的老板是个非常好的人，那里摆放着很多印象派的作品呢！还有，就是像高更这样的穷鬼，还能够从他那里赊饭菜呢！"

果然不出劳特雷克所料，在巴苔丽饭馆真的找到了高更。

高更见到劳特雷克高兴地喊道："我的伯爵，你来得正好，我的酒钱还没人付呢!”

劳特雷克笑骂道:“你这个穷鬼!”然后径直走到吧台,将高更欠下的酒钱还上了。

高更看了看凡·高,扭过头问劳特雷克:“伯爵,你的这位朋友是?”

“他叫文森特·凡·高,是提奥的哥哥。”

“不是吧,他竟然是提奥的哥哥?我还以为他和我一样也是个穷光蛋呢!你看,他的衣服比我的可破多了。”

凡·高看了看这件穿了有两年的旧衣服,解释道:“提奥给我买了好几件新衣服,但是我嫌穿它们别扭,所以还穿着这件。”

劳特雷克对凡·高说:“这个高更,就是这样,嘴巴厉害得很。可是他的画却非常棒。”

高更这时也一本正经地说:“文森特,提奥和我们提过你很多次了。而且你的那些作品我们也都看过了,非常不错,只是色调暗了一些。”

“能不能让我见识一下你的作品呢?”

“我的作品可不是轻易示人的。但是你是个例外。走吧,朋友,带你去见识一下。”

在路上劳特雷克问高更:“听说你又有了新的打算,准备离开巴黎?”

“是的。我向往远方,留恋那些具有异国情调的地方。看看这个乌烟瘴气的城市吧,它被现代文明以及古典文化所阻挠,使人窒息,我宁愿回到更简单、更基本的原始生活方式中去,过那种野人的生活,在那里才能找到我所期望的东西——茂密的植物、永远蔚蓝的天空、慷慨的大自然、简朴的生活。”

“你的这些理论说了很多遍了,你到底什么时候出发?”

“凑足路费的时候。”

“天啊！那要等到何年何月啊？”

“不会太久的，等我的画卖出去了，我就有路费了。我可不像你有个摇钱树的爸爸。”

“你在嘲笑我？”

“没有。我只是实话实说。”

听着这两个人的争吵，凡·高觉得很融洽，因为他们之间是心灵的交汇，这些比那貌合神离要强百倍。

高更的画室坐落在一个摇摇欲坠的小楼上，劳特雷克一边小心翼翼地往上走一边说：“高更，你能不能换个地方啊？我的两条腿已经这样了，难道你还想让我别的零件也完蛋吗？”

“要不你就别上来了？”高更将了他一军。

在他们的争吵中，终于到了。

高更重申道：“我的习作属于我的私人物品，我可是不轻易让别人看的，这次我是破例啊！”

说完，他从床底下拉出一堆油画。

到巴黎，给凡·高的震撼已经很大了，但是当他看到高更的画时，他惊得目瞪口呆，不知说什么好了。

他看到的是杂乱无章的一堆充满阳光的画：树木，呈现出哪个植物学家都没见过的那种模样；动物，即使是动物学家也会感到意外；人，那只有高更一人能画得出；大海，那是火山中涌出的岩浆；天空，那可不是上帝居住的天堂。

那些画上，有的画着笨拙难看的土著居民，天真淳朴的眼睛中隐含着无限的奥秘；还有用火焰般的粉色、紫色和富有颤动感的红色绘成的梦幻的画面以及纯装饰性的风景，画面上的野生动物洋溢着太阳的炙热和光辉。

“你对我的画有什么看法？文森特。”

“让我再仔细看看。”凡·高一面看一面用手勾勒着画面上的线条。

“你把笔触放松、变宽，赋予画面颤动的韵律特质；你把颜色做块面处理，自由地加重色泽的明亮感，以鲜亮的蓝色画阴影，以红色画屋顶，而使之背景中更加突出；你在技法上采用色彩平涂，注重和谐而不强调对比。”

“让我再看看，”凡·高寻思了一会儿说，“你的绘画风格与印象派的迥然不同，强烈的轮廓线以及那些经过概括和简化了的形体，都服从于几何形图案，从而取得音乐性、节奏感和装饰效果。”

听完凡·高的评价，这次轮到高更大吃一惊了，“怪不得，提奥总是夸你，说你是个绘画的天才，原来我还以为那是因为你是他哥哥的缘故，现在我才真正地赞同了提奥的说法，你确实是个天才。”

劳特雷克听了高更的赞赏，拍着手说：“凡·高，你真行。高更这小子可是从来都不轻易夸人的，我和他认识这么久了，只听他夸过修拉，你可是第二个。”

“修拉？修拉是谁？我怎么没听过。”凡·高显然对高更夸过的第一人很感兴趣。

“他是个原始派，他的画棒极了，但是没有任何一个画商肯卖他的画，所以你没听说过他的名字。但是我敢打赌，如果你见了他的画你一定会为之折服的。”

“真的吗？能带我去见见他吗？”

“当然，没问题。”

劳特雷克举手投降道：“还是你们两个去吧，我可不要这么晚了还爬楼，我怕死。”

凡·高这时才发现天已经很黑了，他问高更：“修拉现在会不会休息了？”

“不会，我怀疑他从来不睡觉。咱们走吧，到时候，还要飞檐走壁呢！”

他们3人从高更那里出来，劳特雷克回自己的住处去了，只剩下凡·高和高更向修拉家走去。

高更说：“修拉住在他妈妈那里，那老太太是个富婆。所以他只要安心干自己喜欢的事情就可以了，不用为生计操心。但是他妈妈限制他晚上绘画，所以我们只有偷偷地溜进去。”

凡·高感到很好奇，为什么这里的画家性情都是那么的奇怪呢。

他们来到修拉家的楼下，高更拿起一个小石子，对凡·高说：“我以前是海军，在射击比赛中还曾经得过奖呢！现在这本领都用到修拉家玻璃上了。”说完，他将石子冲着顶楼的玻璃扔了过去。

没一会儿，楼门开了，一个英俊的男子蹑手蹑脚地走了出来，向他们做了个安静的手势，就把他们领上了楼。

终于到了顶楼，高更长出了一口气，说道：“憋死我了！修拉，咱们能不能不像做贼一样啊？”

修拉扫了一眼高更，反问道：“你能不能不在半夜上我家来啊？”

“真不给面子。”高更笑着拉过凡·高介绍道，“修拉，这是文森特·凡高，提奥的哥哥，他像荷兰人那样作画，不过除了这一点，他是个极好的人。”

“你好，文森特，你们来得正是时候，我刚刚把这幅油画的颜色上完。”

“修拉，你能指点指点文森特吗？他还是个闭塞的孩子。”

“哦，好吧！文森特，你到这个凳子上来。”

凡·高爬上凳子，一幅巨大的油画完整地呈现在他的面前。

“这是我花了两年的时间画的，名字叫作《大碗岛的星期日下午》。”

凡·高又看见了一种全然不同的东西。画面描绘了盛夏烈日下有40个人在大碗岛游玩的情景，画面上充满了一种神奇的空气感，人物只有体积感而无个性和生命感，彼此之间具有神秘莫测的隔绝的特点。

只见像哥特式教堂里的柱子般站在那里的具有建筑特色的人体，是用无数渐次变化的色点所构成的。草地、河流、船只、树木，所有的一切，都是大片大片含糊抽象的、由点组成的光。这幅油画的颜色更加的明亮，整幅画引入了一种几乎是抽象的和谐境界之中。

看到凡·高诧异的表情，修拉解释道：“我力求使画面构图合乎几何学原理。根据黄金分割法则，以及画面中物象的比例，物象与画面大小、形状的关系，垂直线与水平线的平衡，人物角度的配置等，制定出一种空形的构图类型。

画中人物都是按远近透视法所安排的，并以数学计算似的精确，递减人物的大小并在深度中进行重复来构成画面。”

“画中领着孩子的妇女正好被置于画面的几何中心点。”

“你的眼光不错！”

“画面上每一部分都是由上千个并列的互补色小笔触色点组成，使我们的眼睛从前景转向觉得很美的背景，整个画面在色彩的量感中取得了均衡与统一。”凡·高为自己的这一发现感到惊喜。

“完全正确！伦勃朗的论断‘服从于一些肯定规律的色彩，是可以像音乐一样地教授的’令我信服。谢弗勒尔提出的规律‘当人们的眼睛同时看到带有不同颜色的物品时，它们在物理构成上和色调的亮度上表现出来的变化现象都通通包含在颜色的同时对比之中’。让我对绘画艺术产生了新的想法，我想把它演变成科学。让画法变得更精确，就像建筑一样。”

修拉感觉自己遇到了知音滔滔不绝地讲起了自己的理论，可这对凡·高来说太突然了，一下子太多新的东西涌了过来，让他有点儿吃不消。

奔向画家的天堂

凡·高来到巴黎后，他在艺术界所接触到的是崭新的理论、全新的画法，这一切让他既惊喜又慌张。为了能够赶上高更、修拉他们，文森特把自己的时间排得满满的，整天睁开眼就开始画，闭上眼在梦中也忘不了挥动自己的画笔。在短短半个月内，他竟然完成了 30 多幅作品。

看着凡·高忙碌的身影，每况愈下的身体状况，提奥心疼地说："哥哥，你能不能把自己的步伐放慢点呢？这样下去你会累垮的。"

凡·高兴奋地说："不，我现在就像那开足了马力的火车，停不下来了。难道你觉得我浪费的时间还不够吗？我如果再停下来，我怕自己永远都追不上他们。别忘了我今年都已经 33 岁了。"

"天啊，你都在想些什么？难道你想用 10 天半个月的时间就完成将你的色调完全提上去吗？"

"你认为那样不可能吗？你来看看我的画吧，它们已经有了明显的不同，我相信不会太久，我的色彩就会像他们一样明亮的。"

提奥气呼呼地反驳道："你不要和我提你现在的画，说起这个我就头痛。你看看你的画吧，在它们中间有劳特雷克的影子，有高更的影子，有塞尚的影子，有修拉的影子等，但唯独没有你的！你这哪里是画，简直就是一个大杂烩，而且是一个拙劣的大杂烩。”

凡·高被提奥的批评激怒了，他咆哮道：“你在说谎，我这是在学习，是在进步，难道你看不到吗？”

看见凡·高由于愤怒青筋暴露的样子，提奥知道自己的话说得重了些，他缓和了一下口气，说道：“学习并不等同于简单的模仿。在巴黎至少有5000人在模仿爱德华·马奈，难道他们能够称为马奈吗？不能！要想成为一名真正的艺术家，他必须拥有自己的东西。”

“我现在是学习，等我学到了他们的精华，再把它们变成自己的东西。”凡·高固执地说。

提奥长长地叹了口气，他知道凡·高那固执、不听劝的毛病又犯了，他投降道：“我亲爱的哥哥，请允许我回屋睡觉吧，我工作一天了，实在是太累了。有什么问题咱们明天再说。”

提奥拖着疲惫的身子往卧室走，可是凡·高仍然不依不饶地说：“我的好弟弟，你先看看我的新作好吗？”

提奥拍了一下自己的脑袋。感觉自己的头都要炸了，请求道：“我求求你了，让我去睡觉吧，现在已经是深夜了，明天我还要早起去上班呢！”

凡·高也放软口气，说道：“只看1分钟，1分钟就好！”

每次提奥都拗不过凡·高，通常都是在他喋喋不休地对画的讲解中睡去。

一天，高更来找凡·高，“嗨，我的朋友，提奥让我来带你去参加巴蒂葛诺来咖啡馆的艺术家聚会。”

凡·高高兴地拿起自己那件破旧的外套就要往外走。

高更一把拦住他说：“别急，咱们还有得是时间，让我趁着这个机会看看你的画好吗？”

“没问题。这几幅是我以前在海牙、纽恩南画的。”

高更久久地凝视着这些画，最后他看了看凡·高，用一种试探性的口吻问道：“很抱歉，我想问一下也许你是个癫痫病患者吧？”

凡·高吃惊地看了看高更：“我母亲那边确实有癫痫病患者，但是这与我有关系吗？”

“哦……我将刚才的话收回。凡·高，你看你的这些画，它们看起来仿佛就要从画布上跳出来似的。当我看着你的作品时，我感到一种几乎无法控制的兴奋，而这已经不是第一次了。我敢说，如果你的画布爆炸，那么我就会爆炸掉。”

“那人们就不用发明什么火药了，直接拿我的画杀敌好了。”

“呵呵，那我和你做搭档，咱们开个军火库如何？”

凡·高和高更互相调侃着，来到了巴蒂葛诺来咖啡馆。就在这里，当年爱德华·马奈把巴黎那些在艺术上和自己志趣相投的人聚在了自己的周围。如今这个地方被一群更年轻的人们所接管。

等凡·高他们到来的时候，这里已经聚集了很多人，其中大多数都和凡·高相熟。凡·高和大家一一打过招呼后，他看见了一个陌生的面孔。

高更为凡·高介绍道：“这位是左拉，我们的大作家，当年就是他第一个站出来支持马奈在绘画方面的革命的，他是对印象派艺术尽力最多的人。”

“您就是左拉？我拜读过您的《萌芽》，真的很来劲。我叫文森特·凡·高。”凡·高主动伸出手与左拉示好。

“凡·高？这个名字好熟悉，让我想想……你是不是在博里纳日待过？”

“我在那里生活了两年。”

“哦，你就是人们所说的那个‘活耶稣’啊？为了写《萌芽》

我在瓦姆村住过一段时间，那里的人简直把你奉为了上帝，说你心地善良，为了他们自己宁愿饿肚子。”

“可是到最后我却不得不离开他们。而他们的生活并没有因为我的出现而有任何的改变。”凡·高至今想起瓦姆村的矿工们，还觉得有很大的歉意。

“那不是你的过错，只是因为你的方法不对头而已。”

“他们现在怎么样了？”

“我的书鼓动他们起来为创造一个新社会而抗争。现在那里的矿工已经罢工过 4 次了，我相信全国都会动起来的，一场新的革命就要来临了。”

“真的吗？那样的话，简直是太好了。否则那里的人真的很难生存下去。”

“知道吗？我的那本《萌芽》在那里几乎成了家家必备的了，可是就是因为这本书，我竟然被评论为 19 世纪最不道德的作家。你说可笑吗？”

“一点都不可笑。”劳特雷克搭讪道。

凡·高这时才发现他们的周围不知道什么时候已经聚集了很多人了，大家都在竖起耳朵听左拉的谈话。

劳特雷克接着说：“知道人们是怎么批评我的吗？他们说我也许会因为对描绘粗俗无聊的寻欢作乐以及下流主题的嗜好而受到谴责。说我对于美丽的容颜、漂亮的体形和优雅的姿势毫无兴趣，而是用充满爱意的笔去描绘那些畸形的、矮胖的、丑得让人恶心的人物。”

“不，我不认为你笔下的人物是令人恶心的，相反我觉得她们是有道德的，比起那些贞洁的乡村姑娘来说，她们直爽、朴素，比起那种矫揉造作要强上百倍。”

听了左拉这番话，劳特雷克兴奋地举起酒杯，说道：“让我们为了这恶心的人物干杯!”

大家在欢呼中将手中的酒一饮而尽。凡·高接过话题说:“我的画现在虽然没有什么名气,但是我想在不久它们也会被扣上这样那样不道德的帽子,我想最合适的一顶就是——凡·高的画是丑陋的!”

“哈哈,让我们为丑陋的狂热信徒再干一杯!”

凡·高在这个被人们称为“疯子”的大家庭里,感到了一种前所未有的温暖,在这里他得到了理解,得到了认同。

一晃,凡·高在巴黎住了有两年了。在这两年里他无节制地拼命作画。几幅描绘室外景物的作品格外突出,其中有《节日的蒙马特尔街》、《美人鱼餐厅》、《蒙马特尔的园子》,此外如静物画《黄皮书(巴黎小说)》等也很出色。

现在凡·高的调色板清晰明亮,但是他却越发地迷茫,他终于不得不承认提奥的话,他丧失了自我。

提奥在这个关键的时刻提醒了凡·高,对他说:“哥哥,你是属于田野的,属于太阳的,别让巴黎束缚了你!在这里你是一个小学生,周围是你太多的老师,你没有办法摆脱他们,不摆脱他们,你就找不回真正的自我,就创作不出文森特·凡·高式的作品来。”

凡·高突然想起了蒙提切里曾经说过的一句话:“我们必须付出10年的艰苦劳动,那样到最后才有可能画出两幅或三幅真正的肖像来。”

看见凡·高沉思不语,提奥惊慌地说:“哥哥,你是不是认为我在赶你走啊?如果你是那样认为的话,那我收回自己所说过的话。而且我郑重地承诺。你想在这里待多久都可以,我会一直陪着你。”

听见提奥这么一说,凡·高知道他误会了,连忙解释道:“不,我的提奥,我知道你的心意,你做的一切都是为了我好。我也知道在巴黎我已经没有任何的发展前途了，我要离开这里，而且是迫切地希望离开这里。我现在想的只不过是我究竟去哪里好。”

听见凡·高说自己真的打算离开巴黎，提奥反而有些不舍，“我亲爱的哥哥，你再好好想想吧！真难以想象你离开我，又回到原来一个人，会变成什么样子。”

是啊，在巴黎，这里有保障的生活，有友情，有亲情。可是离开这里麻烦事就来了。没有提奥，凡·高的三餐都无法保障，他会为了画画把这些琐碎的事情省略掉的，而且他是个没有计划头脑的人，到时候恐怕他想吃饭但钱已经被用作买画笔了。

但是这一切丝毫不能动摇凡·高的决心，他对提奥说：“亲爱的弟弟，即使我离开了这里，但我的心还是在你的身边的。我想好了，准备去阿尔。那里热天干燥少雨，色彩丰富，而且是欧洲唯一能够找到十足的纯净明朗的地方。它是画家的天堂。”

“可是那里的条件并不好啊！”

这次凡·高没有同提奥争论，他闭上眼睛，说：“我困了，让我休息一下。”

第二天早上，凡·高趁提奥上班的时候，将自己最满意的几幅画钉在了墙上，然后留下一封信，背着自己简单的行李，离开巴黎奔赴阿尔去了。

创造自己的天地

在1888年2月，凡·高终于抵达了阿尔。一路上的风尘仆仆，丝毫没有影响他的兴致，他一找到住处，就给提奥去了一封信：一是表达自己不辞而别的歉意；二是向他表达自己到达阿尔的喜悦之情。他在信上说：

> 旅行途中我一直思念着你。我想，你将来也许会到这里来。在巴黎经常有朋友来打扰，使我没有地方安静地作画，真令人头痛！如果不早些离开，恐怕会弄得一团糟。
>
> 阿尔的城镇并不太大，这儿附近的积雪有60公分厚，而且小雪仍在飘舞。
>
> 在抵达塔拉斯康之前，举目所见的全是奇形怪状的黄色岩石，在这些岩石的狭谷里有些小村落，狭谷里长满了橄榄树，还有枝叶茂密的大树林。
>
> 种植葡萄的赤色土地实在很迷人，山顶上覆盖着皑皑白雪，好像日本人画的冬景一样。

阿尔这个地方什么都好，除了生活费。这里最便宜的旅店一个月也要花费 45 法郎，饭菜上更是贵得吓人，一顿最便宜的饭菜也要 3 法郎。如果按照这样的标准，那么提奥每个月寄给凡·高的钱就所剩无几了。

为了能够节约出更多的钱买画布、颜料等，凡·高把自己的伙食标准压到了最低，他每天只是吃少量的面包片，加上些热咖啡。

生活的窘迫丝毫没有影响文森特的创作热情，他像一台不知疲倦的蒸汽机，每天忙忙碌碌地穿梭在街头巷尾、田间野外，不停地挥动自己手中的画笔，画呀画呀！在短短两个月之内，他已经画完了 5 本素描、速写和一些油画。

积雪消融后的阿尔更是让凡·高目眩神迷：蓝得耀眼的天空上，柠檬色的太阳竭尽全力地燃烧；红色的土地上，散布着玫瑰色的果园和延伸到地平线的绿色田野；闪烁的阳光在罗讷河面上尽情地变幻色彩……

凡·高忘记了修拉的点彩法、高更的原始装饰画、劳特雷克的充满仇恨的线条……现在，在这里，只有一个人在作画，那就是文森特·凡·高。

就在凡·高为阿尔越来越炙热的天气而欢呼的时候，他发现这里的人们变得狂躁、烦闷。

一天，他拉住一个和他熟识的好友——邮差鲁森，问道："为什么这里的人们现在变得这么狂躁？"

鲁森看了凡·高一眼，叹了口气道："难道你不知道这里是普罗旺斯遭受烈日酷晒、狂风鞭笞最凶的地区吗？随着夏日的到来，这里的鬼太阳，能够把你的脑子全部烤干的。还有那可恶的西北风，总是没完没了的刮，一年有 365 天，它能陪伴你 200 天。真难以想象我怎么能够在这里居住这么久。"

“可是我觉得阿尔最美的地方就是太阳啊！这是一种无法以言语形容的阳光，到处是橙色、古铜色、金黄色或者是硫黄色，与蔚蓝的天空融合在一起，这是一种多么令人惬意的美丽的景色！”

看着凡·高一脸陶醉的样子，鲁森哈哈笑了起来：“要不大家都说你是疯子呢，也只有你才能看得出太阳的颜色。”

凡·高陶醉在自己的想象中没有答理鲁森的嘲讽，他更加期盼着酷热的夏天到来。

阿尔真的是个好地方。一次，凡·高在田野里作画，太阳晒得他头晕目眩，分不清田野的绿色和天空的蓝色，但是画完回来一看，他却惊奇地发现，他竟然把大自然的辉煌灿烂真实地描绘了下来。一次，他画一幅果园时，正值狂风大作，树上的花朵纷纷飘落，太阳在狂风间隙中射出光芒，照得树上的花儿闪闪发亮。画完时，他又惊喜地发现，自己无意之中竟把西北风画在了上面。

随着惊喜连连，凡·高有了一个大胆的想法，他希望在巴黎的、他的那些志趣相投的朋友也来到阿尔，和他一起分享这里的美景，从而能够建设一个画社，一个属于他们自己的画社。

凡·高写信给劳特雷克道：

> 首先要告诉你的是这里的新鲜空气、色彩明朗，这些都令人想起日本的风景。
>
> 水面呈现出碧绿的波纹，就像我们所看见的日本版画一样，青绿色的风景使人着迷，橘色的黄昏把土地染成了橘色。在这里，每天都可见到金黄色的阳光，女性的服装也都很鲜艳，尤其是星期天漫步在街树下的情景更是令人陶醉。如果是在夏天，这景象会更为迷人！
>
> 这里的物价比想象中高，起初，我每天花5法郎，现

在，准备缩减到4法郎。

将来，我想找一处较为便宜的房子。如果有几个人合住的话，可以更节省。重视太阳与色彩的艺术家，如果搬到法国南部来，一定会很适宜。

倘若日本人在这期间没有进步，那么他们的艺术大概可以在法国翻版。

在信笺上端的，就是我现在的速写练习。又大又圆的黄色的太阳，照射在样式古怪的吊桥上，水手们偕同情侣走向桥的另一端。另一幅也是以吊桥为背景，桥下的妇女们在洗衣服。

你现在在做什么？今后打算何去何从？请你务必详细告诉我。

凡·高想找间大点的房子的想法刚有不久，鲁森欣喜地告诉他，在他家附近有一间大房子准备出租，房租才15法郎，而且宽敞明亮，屋外的景色也非常迷人。

听见这个好消息，凡·高连忙将旅店的费用结清，并将那所大房子租了下来。

看着自己的新家，凡·高的心里暖暖的。他破天荒地抽出了一天的时间用于装修房子、买家具。晚上，他在自己的家中煮了汤和咖啡，他从来就是个食不知味的家伙，今天竟然吃得津津有味。

凡·高一边吃一边想："如果这样的日子能够持续下去该有多好。如果这里能够再添几个人就更好了，当然了，我并不奢望是女人，看来我这辈子是和家庭无缘了，再来几个志同道合的朋友就很开心了。"

那天晚上，凡·高躺在床上做了一个美美的梦：梦中他的那些好友高更、劳特雷克、修拉等，都来到了阿尔。

他们一起居住在这间大房子里，白天一起出去画画，晚上回来一起讨论画中的感悟。慢慢地，他们的画艺越来越高，他们的作品终于得到了世人的认可。

终于有一天，提奥来了，他向大家宣布，在巴黎，在法国，在欧洲，甚至在整个世界他们的画已经成为了世人瞩目的作品。

凡·高在梦中开心地笑了。

割耳的悲剧

在阿尔每天都能够看见这样一个镜头，一个浑身沾满了油彩的红头发的男子，背着沉甸甸的画箱子，在街上急急地行走。他常常是眼睛盯着前方，好像在想什么问题。突然之间，他又手舞足蹈起来，好像是想起了什么让他兴奋的事情。

不用问，这个人就是凡·高，现在的他满脑子都是他的画。他每天早晨 4 时 30 分左右起床，背着画箱匆匆出城，沿着罗讷河畔或者随便的一条小溪流行走，他喜欢逆流而上，流水与步行的反差造成行动神速的感觉令他尤为兴奋。他的行动永远是激进的，超乎一个常人应有的闲适的心态。

然后他被某一个地方吸引住，迅速支好画架，双眼牢牢地、紧张地攫住他所发现的景致，就像一个钓鱼的人发现了浮标被鱼牵动时的眼神，他得屏声静气，全神贯注地捕捉到它。

他成了一个机械的人，他根本不考虑自己在干什么，为什么这样干，他只是不厌其烦地一幅接一幅地画着。

春暖花开的时节，乡村的自然景色太美了，凡·高只感觉到时间的紧迫，他觉得应该把这些东西全部画下来，甚至在睡梦中常常半夜惊醒，全身虚汗淋漓。

他梦见阿尔的果树花一瞬间被西北风卷起，消失在地中海的上空，留下一片黑暗和荒凉。

这是人的自然属性，就如同贪心的淘金者忽然在某一个地窖里找到了一个金库，而他又无法一下子搬走它，所以就拼命地运载一样。这种占有欲是永远也不会满足的。

每天不知疲倦地作画，严重地损耗了文森特的健康，他的胃有时会剧烈地疼痛，他的牙齿开始一颗颗地脱落，他的头发也在一把把地往下掉。

但是这一切都不能阻止他绘画的热情，他在给提奥的信中这样说：

> 我认为，我还未濒临死亡但已感觉到这种真实情况：我的价值微不足道，为了跻身艺术家的行列，我正在付出很高的代价，包括健康、青春、自由等方面，没有一样我能从中得到快乐，只是像套车的马，拉着满满一车外出踏青的人们。
>
> 未来的艺术是存在的，而且是多么的可爱，多么的年轻，即使我们为它献出青春，也必须心平气和地为它而奋斗。
>
> 写下这样的话也许是多么愚蠢，但我的感受就是这样。在我看来，你像我一样，眼看着青春像过眼烟云一样消失。痛苦不堪，但是，如果你干的事业中，青春再现，恢复生机，那么什么东西也没有失去，创作的能力就是另一种青春。

虽然凡·高的身体状况不是很好，但是当他接到高更的来信，知道他穷困潦倒，并且疾病缠身的时候，他觉得自己有义务为他做点什么，于是他写信给提奥：

我收到高更的来信，他病了半个月，躺在病床上。因为负债的关系，他已身无分文了。

他想知道你的店里是否已经把他的画卖出去了，钱少一点也无所谓。他目前很需要，他甚至表示自己的作品打折出售亦不要紧。

高更真是命运坎坷，令人同情。他是不是病得很久了呢？我非常担心，也很怜悯他。

他说，在人生各种苦痛里，没有比缺钱更为可恶的了。

在目前的情况下，只有一个办法可解决他的困境，你们店里可否先把他那幅《海景》承购下来？如果你们能够答应的话，他就能暂时安定下来了。

在我们这群朋友中，大部分都尝尽苦头了，当然也包括我和高更两人在内。未来还会困难重重吧！我坚决相信自己终能获得最后的胜利。对艺术家来说，能不能享受这份恩泽呢？会有更舒服的日子来临吗？

提奥接到凡·高的信后很快就给高更寄去了50法郎，高更写信给凡·高表示感谢。

凡·高读着高更的信，看了看自己宽敞的房子，心想："如果邀请高更来这里，是不是会好些呢？这样，两个人的生活都有了着落，而且不会多花费提奥多少钱。如果可以，让高更将自己的作品寄给提奥，以顶替他的伙食费，这样对大家都有好处吧！"

想到这里，凡·高给高更寄去了一封邀请信，希望他能够来阿尔和自己一起生活。

就在凡·高等待高更来临的时候，他得知了毛威去世的消息。虽然毛威和他最后关系决裂了，但是在凡·高的心底早已经原谅了毛威，并且一直把他当作自己的老师。

为了表达自己的哀痛心情，凡·高挑选了自认为最好的一幅画，寄给了毛威的妻子，并在最后写上“纪念毛威——文森特和提奥”。

一天，西北风刮得实在是太大了，出去别说是画画，简直连站立都困难，于是凡·高选择了在屋中画静物。

一个蓝色搪瓷咖啡壶，左边放着一只品蓝、金黄杂色的杯子，一个牛奶罐，呈淡蓝色和白色小方格；右边放着白色杯子，有蓝色和橘红色的图案，置放在一个灰黄色的陶盘中；一个蓝色底子上配着深浅不一的红、绿、褐色图案的意大利陶罐；最后还有两个橘子、三个柠檬。

凡·高将这一切都摆放妥当，然后开始坐下来，挥动画笔，将各种不同的颜色涂在画布上。

正当他聚精会神地进行描绘时，突然在他的耳边响起了一个声音：“嗨，老伙计，干得不错啊！”

凡·高一惊，他扭过头寻找声音的来源，可是却连个人影也没发现。他摇了摇头，认为自己是神经过敏了，然后继续绘画。

那个声音又响起来了：“怎么？你没看见我吗？我就在你的身边啊！我和你是老朋友了，我整整陪了你 8 年了，难道你没有感觉吗？”

凡·高有些慌了，忙问道：“你是谁？我怎么看不见你啊？”

“我叫文森特，文森特·凡·高，我就是你，你就是我啊！”

“不可能！就一个我，就一个文森特·凡·高，你……你究竟是谁？”

“亲爱的，你千万别慌。我就是你，也可以说是你的影子，我看着你一步步地在绘画生涯中成长，先是在博里纳日，然后是海牙，再后来是纽恩南、巴黎，现在到了阿尔，是我一直陪伴在你的身边的。”

凡·高听着他的描述，觉得和自己的经历完全一样，不禁有些相信了，可是他还是有些不明白，接着问道：“可是，你在哪里，我怎么看不见你啊？”

“我在你的心里啊！睁大你的眼睛，你会看见我的。就像你能够看见别人看不到的美一样。”

凡·高睁大了眼睛，使劲地搜寻四周，可是他仍然什么也没有找到。他懊恼地甩了甩头，说：“你去见鬼吧！我根本看不见你，别来打扰我的工作！”

他的话还真挺管用的，那个声音真的就消失了。

转眼到了8月，高更来信说他一筹到路费就会来阿尔与凡·高相会。听到这个消息，凡·高高兴极了，他将整个大房子重新粉刷了一遍，将其刷成了黄色，然后还为高更腾出一间屋子，并且准备了崭新的床和被褥。

凡·高满意地环视了一下焕然一新的屋子，发现还缺少点装饰品，怎么办呢？他突然想到了向日葵，这种遍地生长的巨大的金色向日葵千姿百态，既有紧闭的苞蕾，也有盛开的花盘，花朵的黄色呈现出丰富的色调，从深橙色到近乎绿色都有。

来到阿尔，向日葵就成了凡·高的崇拜物，在他眼里，向日葵不是寻常的花朵，而是太阳之光，是光和热的象征，是他内心翻腾的感情烈火的写照。

于是他决定画向日葵来作为饰物，同时也是迎接高更的礼物。

他在给提奥的信中说：

我想画上半打的《向日葵》来装饰我的画室，让纯净的或调和的铬黄，在各种不同的背景上，在各种程度的蓝色底子上，从最淡的维罗内塞的蓝色到最高级的蓝色，闪闪发光。我要给这些画配上最精致的涂成橙黄色的画框，就像哥特式教堂里的彩绘玻璃一样。

好，如果我完成了计划，那将作为墙的表面。所有的东西将因此成为蓝与黄的交响乐。我每天从日出开始工作，因为那些花会很快凋零，哪怕中间有一朵打蔫都很麻烦。

凡·高作画时，怀着极狂热的冲动，追逐着猛烈的即兴而作。他像闪烁着熊熊的火焰，是那样艳丽、华美，同时又是和谐、优雅甚至细腻。那富有运动感的和仿佛旋转不停的笔触是那样粗厚有力，色彩的对比也是单纯强烈的。然而，在这种粗厚和单纯中却又充满了智慧和灵气。

在观看此画时，一种激动人心的画面效果，让人的心灵为之震颤，激情也喷薄而出，无不跃跃欲试，共同融入到凡·高丰富的主观感情中去。

那一团团如火焰般的向日葵，不仅散发着秋天的成熟，而且更狂放地表现出凡·高对生活的热烈渴望与顽强追求，那一块块炽热的黄色，不仅融集着自然的光彩，而且宣泄着凡·高对生命的尽情体验与永久激动。

此时向日葵已不是自然的真实写照，而是凡·高生命与精神的自我流露，是他以火一般的热情为生活高唱的赞歌。他的艺术中那种狂放不羁的风格，那种充满激情的色彩，那种畅神达意的线条，脱去了自然物象的束缚，而进入了颇为自觉的艺术状态，达到了一个新的巅峰。

有关评论曾经说："如果说修拉令自然服从于自己的才智，凡·高则是张扬自然，使其应和自己的感情。"

凡·高描述了这次创作的开始三幅画："我画了三次，第一次，三朵大向日葵在一个绿花瓶里，明亮的背景；第二次，三朵，一朵枯萎并掉了叶子，另一朵是蓓蕾，背景是品蓝。最后一幅是明亮的。我希望，开始创作第四幅。这第四幅有14朵花，黄色背景。"

当凡·高画完第三幅向日葵的时候，高更终于来了。看见这位久别的朋友，凡·高高兴极了，他特意腾出了半天的时间亲自为高更做了一顿他认为非常丰盛的饭菜。

高更看着这些饭菜眉头皱了皱，说道："我亲爱的朋友，难道你就是用这个来招待你远方的客人吗？何况我还是身体虚弱的病人。"

"你，病人？高更，你在开玩笑吧！看看你那壮得像牛的身体，你竟然说自己身体虚弱。如果你身体虚弱，那我简直就是病入膏肓了。再说，这食物怎么了？这可是我在阿尔吃得最好的一顿了。"

高更不耐烦地听完凡·高的反驳，小声地嘀咕了一句："小气鬼，要不是实在是肚子饿，我才懒得吃你这猪食呢！"

然后，他坐了下来，开始狂吃。

凡·高看见高更狼吞虎咽的模样，刚才的不快，很快就忘到了脑后，他一个劲地催高更多吃些，而自己却很少动。

高更吃饱后，拍了拍自己的肚子，说道："让我来看看你最近的进步吧！"

凡·高高兴地让高更看了看他最近的作品，有《收获》、《草堆》、《播种者》、《夜晚的咖啡馆》等。

高更一边看一边评论着："哦，这是阿尔的吊桥吧，虽然没有具体的描绘，没有很多复杂的线条与透视，虽然整个画面充斥着纯净的颜色，蓝就是天空、河水，黄绿就是稻田，连色块与色块的衔接都干净得一尘不染，但是一眼就能看出这幅吊桥就是阿尔，阳光灿烂下的安静。"

"天啊，你真疯狂！看，那毫不掩饰的色彩，赭红、黄，这些在那些学院派的画面中避免出现的颜色，竟然在你的每幅画里都有表现。"

"罗讷河的夜晚，竟然也是灯火通明……凡·高，你的画，看上去会让人有很真实的感觉，但越看越不真实，好像很粗糙，很粗糙，但你盯着它看上很久，却会突然发现，被某种东西打动了，你好像去过画里的地方，好像它就那么真实地展现在你眼前。"

"让我想想，"高更思索了一下，一拍大腿说道，"印象，你的画不是写实的画，而是你对那景色的理解，是感情……"

听了高更的评论，凡·高觉得非常振奋，他的画被他认为非常优秀的画家认可了。

凡·高举起那幅《夜晚的咖啡馆》递给高更，说："我试图用红色和绿色为手段，来表现人类可怕的激情。"

这幅《夜晚的咖啡馆》是由深绿色的天花板、血红的墙壁和不和谐的绿色家具组成的梦魇。金灿灿的黄色地板呈纵向透视，以难以置信的力量进入到红色背景之中，反过来，红色背景也用均等的力量与之抗衡。

高更看完这幅画，做了个恐惧的表情，说道："这幅画，是一种幽闭、恐怖和压迫感的可怕体验。是透视空间和企图破坏这个空间的逼人色彩之间的永不调和的斗争。"

此时的凡·高越来越兴奋，他拉着高更的手来到了为他准备的卧室，指着墙上的《向日葵》问道："这些呢？这些你认为如何？"

高更看了这活生生的向日葵，只说了一句话："对，这才是花！"

高更在给友人的信中，提到凡·高的《向日葵》，说道：

在我的黄颜色房间里——带紫色圆环的向日葵突出在一片黄颜色的背景之前，花梗浸在一只黄颜色的壶中，壶放在一张黄颜色的桌上。画面的一角上，画家的签名：凡·高。

黄颜色的太阳透过我房间里的黄颜色窗帘，一派生机沐浴在一片金色之中。早晨，我在床上醒来，想象这一切必定是芳香扑鼻。

得到了高更的认可，凡·高的信心更加膨胀了。他觉得将高更请来，是他办得最正确的一件事。

但是时间久了，两个人的矛盾却日益突出。在生活上，凡·高是那种节俭得几乎吝啬的人，而高更却是大手大脚惯了的；在绘画手法上，凡·高是激情式的，如果灵感来了，他不管三七二十一。先画下来再说，而高更则是冷静型的，他总是经过再三的思量，才动笔；在艺术观点上，两个人的差异也非常大，往往是凡·高所推崇的人，高更却不屑一顾，而高更喜欢的，凡·高又认为那是垃圾……

总之，两个人就像水与火一样不能够互融。

一天，凡·高和高更又因为一件不大的事情争吵了起来，到最后，凡·高拿起手边的杯子冲着高更就扔了过去。

高更机警地躲开了，但是怒火已经到了头顶，他忍了又忍，最后向凡·高挥了挥拳头，恶狠狠地说道："小子，你给我注意点，只此一次，如果有下回，我一定会要了你的命。”

说完，他摔门离去。

正当高更在街上漫无目的地走着的时候，突然他感觉后面有人，回头一看，只见凡·高双眼通红，手里拿着一把明晃晃的刮刀冲着他奔来。

高更吓了一跳，顺手拾起路边的一根树棍，冲凡·高怒目而视。

凡·高来到高更的面前，看见高更的样子显然也吓了一跳，他木然地转过头，朝着来时的方向又转了回去。

高更冲着凡·高的背影骂了一句：“精神病”，然后找了个旅馆倒头就睡。

再说凡·高，他恍恍惚惚地回到家中，看见镜子里那个持刀的、面目狰狞的人，下意识地挥起刀冲着他的脑袋就砍了下去。结果砍在了自己的右耳上。剧烈的疼痛使凡·高的头脑清醒了很多，他的耳边响起了一个声音：“你愿意把你的耳朵送给我吗？”

这是一个女人的声音，这是一个曾经做过他的模特的女人的声音，凡·高拿起一张纸，包起那流着血的耳朵，就向那个女人家中走去。

当那女人看见这只血淋淋的耳朵时，吓得几乎昏了过去，她连忙报了警，这时凡·高也因为流血过多晕了过去。

当第二天早上，高更回到那所大房子时，看见屋外聚集了很多的警察，他的心一慌，急忙上前打听是怎么回事。当他听说凡·高把自己的耳朵割了下来时，他的心“扑通”一下，他悄悄地收拾了一下自己的行李，然后给提奥发了一封电报，匆匆离开了阿尔。

当凡·高从昏迷中清醒过来后，他看了看四周，很奇怪地问陪护在他身边的鲁森：“我怎么在这里？高更呢？”

鲁森看了看凡·高说：“你说你的那个伙伴？他早跑没影了。至于你为什么在这里难道你不知道吗？你生病了啊！”

“我生病了？”这时，凡·高才感觉到右耳的疼痛，他用手一摸，是缠得厚厚的纱布，忙问：“我的耳朵怎么了？”

“难道你一点印象也没有了吗？你把自己的耳朵割了下来。”

“啊？你说的是真的？真的吗？”凡·高显然不相信鲁森的说法。

“是真的，你再好好想想吧！”

凡·高只觉得自己的头剧烈地疼痛，什么也想不起来了。

等提奥到达阿尔时，凡·高的情绪以及病情都得到了稳定，医生告诉提奥，凡·高患上了癫痫，这是一种间歇性发作的精神病，如果不发病，那么会像正常人一样，但是发病的时候，患者可能会做出令人意想不到的事情，譬如这次的“割耳事件”。

提奥听了医生的讲述很害怕，他不知道如何是好。

医生劝慰道：“提奥先生，你不要紧张。你哥哥的病是第一次发作，情景相对好些，我想经过我们的精心照料，他会恢复健康的。”

听了医生的话，提奥长出了一口气。同时，凡·高也表示愿意在阿尔接受治疗，最后，提奥心怀忐忑地回巴黎去了。

凡·高的这次“割耳事件”发生在 1888 年 12 月，在其后的岁月中，这种间歇性的精神病发作一直陪伴着他。

工作是最好的良药

在医生护士和鲁森的精心照料下，凡·高的病情恢复得很快，他给提奥去了一封信：

这封信是在雷伊医生办公室里写的。医生跟我谈了一会儿，叫我写信告诉你我的病情已大有起色，以便让你安心。

医生推测我的发作只是一种暂时状态，我非常高兴。我暂时住在医院里，心里却很想回去。好朋友鲁森很担心，他极力劝我忍耐。

鲁森待我亲如家人，但愿他永远做我的朋友。

出院之后，我打算再到街上去走走。明朗的好季节快要来临，我多么期望在百花盛开的果园里写生啊！

提奥弟，你从那么远的地方跑来看我，我很感激，也十分过意不去。反正我在这里很好，请你不必再来啦！

我唯一要拜托你的是不要担心我。因为这是令我痛苦的最大原因。我的健康情形，你尽可放心。

这封信寄出去没多久，凡·高就康复出院了。出院的凡·高像只出笼的小鸟一样，极力想回到自然中间，他重新拾起了画笔。

这时，医生的嘱托在他的耳边响起：“你出去后，不要喝苦艾酒，不要兴奋，更别光着头在太阳底下工作了。”

凡·高笑着把戴在头上的帽子扔向空中，他大声地喊道：“让那些嘱托见鬼去吧！我要画画，没有画就没有了生命，没有了生命哪来的健康。”

凡·高挥起大笔又开始在烈日下工作了起来。

可是事实是残酷的，一天，当他照镜子的时候，他看见一张扭曲的面孔，恐怖的眼神还有颤抖的手势，那典型就是痛苦的化身，仿佛在代替整个人类受刑。

凡·高抓起画笔不假思索地将镜中的人物描绘了出来。他盯着那个人问：“你是谁？”

直到那幅画画完了，凡·高才恍然大悟，原来他画的不是别人，正是自己。

凡·高盯着自己的画像呆住了，“原来这不是一时的状态，而是得了癫痫病……我完了，我彻底完了！我该怎么办？我该怎么办？”

凡·高歇斯底里地呐喊着，他感到无比的绝望。

不知过了过久，他的情绪稍微稳定了一些，他重新又能够思考了：“艺术家的生命就在于作画，如果不按照自己的意愿去工作，那么活着又有什么意义呢？只有作画才会让我健康，它不是毁了我，而是我的重造。人终究会有一死的，如果我死了，但是我的画却留在了人间，那不是我的重生吗？”

想到这里，凡·高振作了起来，他投入了更多的精力在绘画中。在这期间他画了《十四朵向日葵》。

这些简单地插在花瓶里的向日葵，呈现出令人心弦震荡的灿烂辉煌。此画以黄色和橙色为主调，用绿色和蓝色的细腻笔触勾勒出花瓣和花茎，签名和一朵花的中心也使用了蓝色。籽粒上的浓重色点具有醒目的效果，纤细的笔触力图表现花盘的饱满和纹理的婀娜感觉。

凡·高对自己说："我越是年老丑陋、令人讨厌、贫病交加，越要用鲜艳华丽、精心设计的色彩为自己雪耻。"

在这幅作品中，再也看不到自画像里那种短促的笔触，在这里，他的笔触坚实有力，大胆恣肆，把向日葵绚丽的光泽、饱满的轮廓描绘得淋漓尽致。

凡·高说："在黄色背景前面的一幅 14 朵花，好像我以前所画的一样。不同之处是这幅画更大一些，它有一种相当特殊的效果，我认为这一幅是以更加简练的手法所画出来的。"

在出院后的短短几个月里，凡·高接连画了 37 幅油画，他的这些画作是那样的严谨，一点不亚于他生病前的作品。

随着创作激情的高涨，医生的嘱托成了他生活的反照，凡·高的病情开始恶化，以前那絮絮叨叨的声音又向他袭来，而且是次数越发地频繁。

一天，凡·高的身体突然不停地颤抖，他大声叫嚷起来："谁要毒死我？岂有此理！"

凡·高被剧烈的狂热冲昏了头，伸手抓起身边的东西乱丢。这次，他被关进了医院的监禁室。

治疗了半个月后，凡·高拖着疲惫的身体回到了他的黄房子，却意外地发现房东已经把这房子另租给他人。

要是在以前，凡·高一定会去找房东理论一番，那毕竟是他心血的结晶，是他曾经的希望，但是这次凡·高什么也没做，只是很快找了个地方住了下来。现在的他心中只有一个念头，那就是趁着没发病的时候，尽量地多画画。

阿尔是个小镇，它对外乡人始终是那么的排斥，起初凡·高来这里的时候大家都已经看他不顺眼了，现在他又有病在身，人们更想把他处之而后快。

于是，有80多个市民在市长选举的机会，将一封请愿书递上，意思是将凡·高这个危险分子关押起来，还阿尔的宁静。

市长为了笼络人心，不分青红皂白就将在清醒中的凡·高关押了起来。

悲伤加上愤怒使凡·高想把自己心中的想法吐露出来，但是说给谁听呢？提奥，当然是提奥，但是当时提奥即将大婚，凡·高不想在那时候打扰他，于是他就写了一封没有寄出去的信。

> 我完全是一个正常人，绝非疯子，写这封信时的心智无异于往常。
>
> 我到底犯了什么罪？无凭无据，他们就把我关在洞穴似的房间里并派人来监视我，大门紧锁着。
>
> 我有千言万语要告诉你，倘若我的怒气发作，马上会变成危险的疯子，不过，我一直竭力忍耐着。
>
> 最要紧的是，你要很镇静地完成婚礼才对。
>
> 今后，我们一定要另寻更和平的生活方向。
>
> 说起这样倒霉的事，与其在此受罪，不如早死算了！总之，不要常常埋怨，凡事要忍耐，这是人生必须学习的教训。

这件事情还是让提奥知道了，他急忙四处托人，终于把凡·高救了出来。

出来后的凡·高看世界的角度发生了变化，他把自己的情感更多地投入了绘画当中，在这期间他又完成了很多的作品。但是他已经明显地感觉到了自己灵感的匮乏，他知道这都是病闹的。在询问过医生后，他决定去离阿尔不远的圣雷米，那里有一座设备完善的精神病医院。

圣雷米医院的费用相对高些，但是提奥来信说不用担心，让凡·高安心养病。

从此，这个可怜的人是否就要在精神病院度过余生呢？

终于卖出一幅画

圣雷米疗养院是在19世纪初，由精神病学者杜克多尔·美玖朗创建的。起初，人满为患，但当凡·高来到的时候房间已空了不少。

院长是个通情达理的人，当他得知凡·高是个画家时，同意他在清醒的时候在院中作画。虽然不能去野外，但是这对凡·高来说已经是格外开恩了。

凡·高写信给提奥诉说这里的情景道：

来到这里，情况很好。在这里可以看到形形色色的疯子，但我并不觉得恐怖。

我的房间很小，墙壁上贴有灰色与绿色的壁纸，窗户上有蔷薇色的窗帘。

窗户装设了铁栏杆，放眼眺望，是一片麦田，太阳发出万丈光芒。

这里共有30多间病房，其中一间我可以当画室用。

伙食还好，饭量都是固定的。这里就像巴黎的廉价餐厅和宿舍的伙食团一样，稍带苦味而已。

这里的病人无事可做，他们不读书，只会玩牌或打弹子。

雨天，我们的房间就像乡下车站的候客室一样，病患里面经常有戴着帽子和眼镜、手持拐杖和穿旅行外套的人，就像立即要出外旅行似的。

他们也经常发生吵闹和争执。幸好管理员很了解这种状态，他们病情发作时，管理员就心平气和地协助他们排难解忧。

开始凡·高还和这帮人在一起，可是后来他发现这群人在这里只是整天的吃、喝、拉、撒、睡，一副混天黑的样子。这样的生活不是凡·高所需要的。他开始拿起自己的画笔，离开他们，一整天都到院子中进行作画。

来到这里以后，我常在几棵大松树下画那些乱草丛生的庭园，一次也不曾出外写生，所幸此地的田园风景极佳，我打算慢慢走出去看看。

我会寄四幅田园风景画给你，让你知道我在这里的情况不坏。总之，此地的阳光始终普照着大地。

我昨天画了一只大鹅，因为它的颜色太漂亮了，为了要仔细地把它画好，我不得不杀死它，说起来怪可怜的，但它的确非常美丽。

你若收到我的画，不妨各送一幅给高更及劳特雷克当作纪念。

盼啊盼啊，凡·高终于得到了院长的同意，能够到野外去画画了，但条件是必须有个看护跟从。

还有什么比能够出去画画更好的呢？凡·高觉得自己又充满了勃勃生机，在这段日子里，他已完全超越了印象派，形成了自己独特的风格，成为用心灵作画的大师，他创造了自己的宇宙！

见过凡·高笔下的《星夜》吗？亮如白昼；暗如深渊。高大的白杨树战栗着悠然地浮现在我们面前；山谷里的小村庄，在尖顶教堂的保护之下安然栖息；宇宙里所有的恒星和行星在“最后的审判”中旋转着、爆发着。这不是对人，而是对太阳系的最后审判。

那奔放的，或者是像火焰般的笔触，来自直觉或自发的表现行动，并不受理性的思想过程或严谨技法的约束。凡·高绘画的标新立异，在于他超自然的，或者至少是超感觉的体验。

这到底是凡·高卓越的画法，还是疯子的幻想呢？总之凡·高的宇宙，可以在《星夜》中永存。

在7月，凡·高得知了一个令他欣喜若狂的消息，那就是提奥的妻子要生产了。得知这个消息后，凡·高高兴得流出了眼泪。“这是提奥的孩子，是凡·高家族的孩子，也是我的孩子！虽然我已经不太可能拥有家庭，但是我拥有了一个和我感情深厚到不分彼此的兄弟，而他又有了自己的骨肉，这是多么多么令人愉快的事情啊！”

为了给这个刚出世的孩子送上一份厚礼，凡·高又投入了忘我的工作中。工作使他兴奋，可工作也使他的病情复发。

这天，凡·高在野外画画的时候，他突然看见一个漂亮的女人向他走来，并温柔地和他说着情话。正当凡·高感到迷茫的时候，那个女人一下子变了，变成了一个青面獠牙的怪物，向他张开血盆大口，叫嚷着：“来吧，凡·高，到我这里来，我知道你是个好人，快来填饱我的肚子吧！”

凡·高吓得连连后退，发出惊恐的叫声，双手拿着画笔不停地挥舞，想驱赶走这恶魔。

监护人员闻讯急忙赶来，这时凡·高已经倒在地上不省人事了。这次发病很厉害，一直持续了大半个月，他的精神才慢慢地恢复。院长鉴于工作不利于他的病情，从而禁止凡·高再画画了。

不让凡·高画画，简直比要他的命还痛苦，于是他写了封信向提奥求救：

光阴似箭，秋天转眼就将过去了，接着就是寒冬。

昨天，我望着窗外的景色，接着就把它画了下来，是偷着画的。黄色的麦田，自有一番迷人之处。麦田上还出现了月亮，病情发作的前几天，我还在画《割麦的人》。

这幅画稿全属黄色，用去不少颜料，主题明确而单纯。因为我把那位割麦的男人画成一个好汉，在暑热下，如同恶魔般地与自己的工作奋战，纵使望见死亡的影子也不怕。

但在这死亡中，什么悲哀也没有。那条好汉在金光的洪水中跟着太阳向前走。啊，我相信眼前是一个新的光辉的时代。

我打算埋头工作，看看圣诞节前后会不会旧病复发。过了圣诞节，我就要离开这个被监视的地狱，回到北方去。

接到凡·高的信，提奥的心如刀割一般疼痛，他一边心疼哥哥的身体，一边又清楚地知道没有画，凡·高是多么的痛苦。

在和妻子商量以后，提奥准备将凡·高接回巴黎，但前提是找到一个比较好的精神病医院，能够放心地将凡·高托付在那儿。

时间就这样耽搁了下来，在此期间凡·高终于说服了院长，又能画画了。他画了《医院的花园》、《医院》、《松树》、《护士长》等作品。

圣诞节到了，像凡·高自己预计的那样，他又犯病了，幸亏这次发作不是很严重，很快就恢复了健康，但是这更加坚定了他回巴黎的决心。

一想到自己即将离开这里，凡·高觉得这里的一切都发生了变化，它们变得更加美了。为了把美留住，他又开始了和时间赛跑。

像以前一样，凡·高一努力工作，发作就会随之而来，这次也不例外。院长实在是忍无可忍，他给提奥写了封信，催促提奥赶快将这个不听话的病人接走。

提奥一边努力找寻医院，一边给凡·高带来了一个又一个的好消息。

首先是他喜得贵子，妻子约哈娜给他生了个健康的男婴，为了让他像哥哥一样勇敢而有耐心，提奥给孩子取名文森特·凡·高。

第二件好事是，一位年轻的诗人兼美术批评家艾尔贝鲁·欧利埃在一本美术杂志上刊登了一篇称赞凡·高作品的文章。提奥将整本书都寄了过来。文章上说：

> 文森特·凡·高全部作品的特色就在于那超常的震撼力与粗犷的表现力，在于他对事物本质的绝对肯定之中，在于他对外在形式大胆的简化之中，在于他对自然色彩的酷爱之中。单纯而野蛮，温柔而狂暴，伟大的艺术家的素质天衣无缝地结合在这个男子汉身上！
>
> 文森特·凡·高的作品属于弗朗士·哈尔斯卓越的绘画艺术体系。他的现实主义超出了其始祖——荷兰伟大的小市民画家们。他的作品对描绘对象特性的研究、本质的探索，以及对自然与真理天真而执着的热爱，表现得淋漓尽致！

这位有着一颗发光的灵魂的坚强而真诚的艺术家，他是否会享受到观众为其恢复声誉的快乐呢？我想是不会的。与我们当代资产阶级的脾性相比，他太单纯，同时也太微妙了。除了得到与他志同道合的艺术家的理解，他将永远不能为人所完全接受。

凡·高的力量和对生活的渴求在他的身上重新苏醒了，他满怀激情地重新投入到绘画当中。

第三件好事，是提奥给他寄来了一张 400 法郎的支票，这是他至今为止唯一卖出去的一幅油画的报酬。

凡·高一边亲吻着这张支票，一边看提奥的来信：

祝贺你！你的《红葡萄园》被荷兰画家德·布克的姐姐安娜·布克购买，价格 400 法郎。

好日子终于到了，我们会让你的作品畅销全欧洲的。

最近，我认识了一个很讨人喜欢的人——加歇医生，他在瓦兹河边的奥维尔有个家，那里离巴黎只有一小时的路程。从杜比尼以来的每个重要画家，都曾经在他家画过画。他自称对你那种病完全了解，并且说，无论你什么时候愿意去奥维尔，他都愿意照料你。

真是好事连连，凡·高连忙给提奥回信，表示愿意马上就回巴黎，但是他不希望提奥来这里接他，他相信自己有能力一个人回到巴黎。

写完信后，凡·高整理了一下他的画，发现在圣雷米的这段日子他竟然画了 150 幅油画，几百幅素描。

在这短短的 14 个月当中，凡·高的身体时好时坏，处在疾病的折磨下，他竟然有如此多画作，这是一种什么样的精神、什么样的毅力在支撑着他啊！

“终于要离开这里了！”凡·高欢呼着。这里曾经赋予了他绘画生涯的巅峰，曾经让他饱尝生活的艰辛，曾经让他体验友谊的珍贵，曾经让他病魔缠身……终于要离开这里了，这个既创造了他、又毁灭了他的地方。

年轻生命的终结

"我回来了!"当凡·高终于又踏上了巴黎的街道时，他高兴地呐喊着。

提奥老远地望见凡·高，急忙迎了上来，"哥哥"，说完给了凡·高一个真情的拥抱。

终于又看见提奥了，凡·高竟然激动得流下了眼泪，"咦，孩子呢？小文森特呢？"

现在凡·高最关心的就是那个刚出生不久的小家伙。

提奥嫉妒地噘了噘嘴，说："就知道那个小家伙，竟然也不问问我怎样了？哼，枉费我花那么多心思帮你找医生。"

凡·高"扑哧"一声，被提奥逗乐了，他还真不知道自己的弟弟竟然这么幽默，他连忙补充道："提奥，你怎么样？想死我了!"

看见哥哥露出了笑容，提奥宽慰地笑了，他拉着凡·高的手说："走，咱们回家去，孩子现在正在睡觉，否则我一定带他来接你。"

回到提奥的家，凡·高受到了热情的款待。他衷心祝福提奥说：

“弟弟，恭喜你，找了这么贤惠、温柔的女孩做妻子，你们一定会非常非常幸福的！”

说完他又指着摇篮中的宝宝说：“看这小家伙多可爱啊，他一定会继承你们两个的优点的，长成一个伟岸的男子汉。”

提奥的妻子约哈娜，爱抚地摸了摸孩子的小脸，说道：“这个小文森特不只是会继承我们两个的优点。他还会继承哥哥您的优点的。”

其乐融融的一家人，凡·高陶醉在这温暖的家庭中。

提奥对凡·高说：“哥哥，那些朋友们听说你回来了，专门组织了一个宴会，说是为你接风。”

“我也想他们了。他们还好吗？”

“哦，怎么说呢，到时候你就知道了。”

晚上，凡·高和提奥来到了他们以前常去的那个咖啡屋。好多的朋友已经等候在那里了，大家看到凡·高，既表示热烈的欢迎，又有着深切的同情。

原来凡·高很喜欢和这帮朋友在一起，可是现在他却觉得力不从心，待了一会儿就觉得有些累了。

在这次聚会中他最要好的几个朋友都没有来：高更不在巴黎，即使在，经过上次的事件后他也不会来的。劳特雷克在精神病医院里，他患了间歇性精神病，医院不允许他出门。修拉此时正躺在病床上，他因为操劳过度，得了肺病，已经不久于人世了。

才两年多不见，昔日的好友都发生了巨大的变化，凡·高在感叹世事变幻莫测的同时，告诉自己：“凡·高，你要抓紧，你的时日也不多了！”

第二天，凡·高就强烈要求提奥带他去加歇医生那里。本来提奥还想和他欢聚几天，但是也拗不过他，只好把他带到奥维尔。

就像提奥在信中说的那样，加歇医生是个可爱的人，他不仅表示凡·高的病并不可怕，只要仔细地调理就能康复，而且还同意凡·高在病情允许的情况下外出作画。

这真是个好消息，凡·高为此爱上了这里，愉快地住了下来。

凡·高虽然能够继续作画，但是他明显地感觉到了自己思路的匮乏，灵感，绘画的灵感已经很久没来了。

一种巨大的恐慌伴随着灵感的消失向凡·高袭来，这种恐慌比对死亡的恐慌要大得多。

“我的艺术生涯是不是就要结束了？我现在没有了灵感，没有灵感怎么画画？怎么办？我可怎么办？天啊，如果不让我作画，那简直还不如让我去死。我刚刚 37 岁，可是就没有了艺术的源泉，那我以后怎么办？难道让我作为一个废人生活在世间？不！不！我不要这样的生活！”

自杀的念头开始在凡·高的脑海里生了根。

一天，凡·高到郊外看着那黑漆漆的乌鸦，不禁灵感突现，作了一幅《乌鸦群飞的麦田》。

在这幅画上仍然有着凡·高特有的金黄色，但它却充满不安和阴郁感，乌云密布的沉沉蓝天，死死压住金黄色的麦田，沉重得叫人透不过气来，空气似乎也凝固了，一群凌乱低飞的乌鸦、波动起伏的地平线和狂暴跳动的激荡笔触更增加了压迫感、反抗感和不安感。

画面极度骚动，绿色的小路在黄色麦田中深入远方，这更增添了不安和激奋情绪，一种紧张和不祥的预兆处处可见，好像是一幅色彩和线条组成的无言绝命书。

就在第二天，凡·高又来到这块麦田，看望那成群的乌鸦飞来飞去，却不见农夫前来收割成熟的麦子。凡·高的心不由得紧张、惶恐起来。

“怎么办？怎么办？”一种紧张的情绪深深地抓住了他，凡·高掏出一把最近总是随身携带的手枪，冲着自己的心脏就是一枪。

万幸的是，没有击中要害，凡·高倒在了地上，不一会儿，他又爬了起来，身上沾满了血迹，他晃晃悠悠地回到了在奥维尔的住所。

到了吃饭的时间，房东看见凡·高还没下楼，就上楼去叫他，可是敲了半天房门，屋里却没人应声。

房东猛然想起凡·高早上出门时的神情不大对头，“是不是出什么事了？”房东一边想，一边打开房门。

眼前的情景吓了他一跳，只见凡·高面向墙壁，脸色苍白，胸膛上都是鲜血。

房东急忙把加歇医生找来，加歇医生检查了一下伤口，认为子弹虽然没有打中要害，但是却打得太深，死亡是迟早的事。

凡·高极度虚弱地请求道：“加歇医生，请你不要将这件事情告诉我的弟弟好吗？”

“都什么时候了，你竟然还不让我通知他！你知不知道你就要死了？快把他在巴黎的地址给我！”加歇医生坚决不同意凡·高的请求。

“不，千万不要再打扰他。我已经打扰他太多了，是该让他静一静了。”凡·高痛苦地摇摇头，小声地说。

“你这些都是混账话，他对你那么好，怎么会不来看你呢？如果我不把这件事情告诉他，他得知后一定会杀了我的。”加歇医生仍然没有妥协。

凡·高看说服不了加歇医生，干脆闭上了眼，说了句：“还是让我早点走吧！”然后就再也不肯开口了。

加歇医生看实在没有办法，只好找了一个熟识的画家，让他亲自去巴黎，把凡·高自杀的消息告诉提奥。

得知消息后，提奥急匆匆地赶来，看见凡·高憔悴的模样，他哭倒在床前。

看见提奥，凡·高平静地说："不要哭了，提奥，这是哥哥能为你做的唯一的一件事，我死了大家都会幸福的。"

"不！"提奥歇斯底里地喊道，"不，不会的，没有了你，我的生命也将失去意义。哥哥，你快好起来吧，你还要看着你的画轰动整个欧洲，整个世界，你还要看到小文森特健康的成长呢，你还要……"

提奥的真情道白没能换回凡·高的生命。在1890年7月29日凌晨1时30分，文森特·凡·高静静地与世长辞了。

第二天，提奥为哥哥在奥维尔墓园举行了简单的葬礼。

在整理哥哥的遗物时，提奥发现了哥哥在临终前写给自己的最后一封信，凡·高在信中写道：

亲爱的弟弟：

我非常非常想念我的小家伙。自从你照我的名字给他取名以来，我希望他具有一个远远比我平静的灵魂。

说到我的事业，我为它豁出了我的生命，因为它，我的理智已近乎崩溃。

从巴黎一回来，我感到很凄凉和极端的孤独，并且越来越觉得我在威胁着你，十年如一日。

有一种风暴一样的东西向我们袭来，其势锐不可当。

我仍然十分热爱艺术与生活，正像我强烈地需要一个妻子和孩子。

画家们愈来愈走投无路。我把全部生命都托付给绘画了。只要生命都浸润在绘画的创作里，我就别无所求了。

可惜你不是一个有实力的大画商。亲爱的提奥，你可以继续走你自己的路，怀着对艺术的爱与仁慈的心，继续走下去。

向约哈娜妹妹和小文森特问好。

凡·高　1890年7月27日

6个月后，提奥因为悲伤过度，也追随凡·高而去。他们两个共同葬在奥维尔墓园。

此后，在提奥妻子约哈娜的努力下凡·高的名望越来越大。

1914年，凡·高书信集出版，凡·高的一生渐渐被全世界的人所知。

1962年，在凡·高侄子的努力下，荷兰政府修建了阿姆斯特丹国立凡·高美术馆，永久珍藏凡·高的作品和书信，这也是现在收藏凡·高作品最多的艺术馆。

到了今天，凡·高已成为举世闻名的艺术大师。

1987年，在伦敦拍卖会上，凡·高的一幅《向日葵》以3990万美元的天价被日本人买走，这个消息震惊了全世界！

有的书上写道："如果说现在的画价飞涨是由文森特·凡·高所引起的，也不为过。"

后来，《鸢尾花》卖了5300万美元。

《加歇医生像》卖了8250万美元，这是艺术品拍卖的最高价了！

可令人唏嘘不已的是，凡·高生前只卖出过一幅油画。

这位杰出的艺术大师，在他短短的37年人生岁月里，在饥饿中、被人嘲弄中、被人误解中，为世人留下了800多幅油画、1000多幅素描，还有水彩、版画等不朽的作品。他用色彩来揭示人的精神，来表现人的生命。

正如一位文学家所言：“有的人活着，他已经死了；有的人死了，他却还活着。”而画家凡·高，他是永恒的。逝去的只是他的肉体，他的灵魂和作品却与世长存。

附：年　谱

1853 年 3 月 30 日，生于荷兰北部的布拉邦特省的一个叫作格鲁特·曾德特的村子。

1863 年，到简·普罗维利私人寄宿学校读书。

1865 年 9 月，被送往威廉二世国王公立学校注册学习。在这里他的绘画天赋得到了充分的发挥。

1869 年，在威廉二世国王公立学校以优异成绩毕业，随后去古比尔特海牙分公司当店员后又去布鲁塞尔分店工作。在这里他的绘画天赋得到了进一步的激发。

1873 年 5 月，去伦敦分公司工作，爱上了房东的女儿尤金妮亚，但求爱失败。

1876 年 3 月，被古比尔特公司解雇。4 月在英国拉姆斯盖特当教师，后又在艾罗斯当助理牧师。

1877 年 5 月，赴阿姆斯特丹，为投考神学院积极攻读。

1878 年 7 月，放弃在阿姆斯特丹的学习，于 8 月入布鲁塞尔为期 3 个月的福音传道学校，但未能取得牧师的任命。赴博里纳日矿区，做非正式传教。

1879 年，由于工作过于热情，被教会解雇。

1881 年，去埃顿与父母同住；向新寡表姐凯求婚不成。12 月离家赴海牙。

1882 年，跟表姐夫毛威学画，开始与西恩同居，并因此与毛威决裂。

1883 年 12 月，回到荷兰南部的纽恩南，与父母同住。

1884 年，与本村姑娘贝海曼恋爱，以不幸结局告终。

1886 年，来到巴黎接触印象派画家。

1888 年 2 月，来到了阿尔，10 月 20 日高更来与他同住。12 月 23 日因精神失常，割下自己的一只耳朵。

1889 年，自愿进圣雷米的精神病院。

1890 年，返回巴黎，接受加歇医生的监护。7 月 27 日旧病复发，开枪自杀，于 29 日凌晨 1 时 30 分，与世长辞，年仅 37 岁。